本书受到天水师范学院"青蓝人才"工程基金资助

教育的学术传统与
教育研究的实践转向

吴　原◎著

Academic Traditions of
Education and Practical Turnings of
Educational Researches

中国社会科学出版社

图书在版编目(CIP)数据

教育的学术传统与教育研究的实践转向／吴原著 . —北京：
中国社会科学出版社，2015.7
ISBN 978 - 7 - 5161 - 6576 - 8

Ⅰ.①教… Ⅱ.①吴… Ⅲ.①教育研究 Ⅳ.①G40 - 03

中国版本图书馆 CIP 数据核字 (2015) 第 160089 号

出 版 人　赵剑英
责任编辑　任　明
特约编辑　纪　宏
责任校对　王　影
责任印制　何　艳

出　　版　中国社会科学出版社
社　　址　北京鼓楼西大街甲 158 号
邮　　编　100720
网　　址　http://www.csspw.cn
发 行 部　010 - 84083685
门 市 部　010 - 84029450
经　　销　新华书店及其他书店

印刷装订　北京市兴怀印刷厂
版　　次　2015 年 7 月第 1 版
印　　次　2015 年 7 月第 1 次印刷

开　　本　710 × 1000　1/16
印　　张　10.25
插　　页　2
字　　数　163 千字
定　　价　48.00 元

Abstract

Not only is the practical orientation for educational researches a trasient measure to erase theembarrassments existing in the subject of study over a long period of time, but a wise direction slected with a good deal of attempts and efforts being made soon afterwards. If leaving aside the analysis and judgements from theoratical view and throwing eyes on reality, we will find that those experiments and explorations have already in progress, which people did in spontaneos way to promote their growth and developments as well as to emphasize practices and concrete situation before scholars did not make sense of learning turnings with theoratical views. All of those tries turn out to be vivid in outcomes. Aditionally, it created the crucial idea that the irregular pedagogy conceled in society has certain influences on common people. How can the fact be explained that the practice has done the appropriate judgments and the real action before the authorities of theories did not give play to it. Is there any unknown power impelling researches, such as life – experiencing known for concentrating on the understandings, the importance of personal experiences attract people's attention, they are immediently acquainted and field – wide popular in educational researches. Can't those method mentioned above be adopted and strongly supported until they have ability to fulfill the practice demands. When kinds of clues have something with practices, the original spirit of practice demands or the concentration of human developments can be possibly reflected in their studies done by researchers and practioners, which encourages them to be positive in exploring appropriate educating methods. Although the appeal takes form in traditions, it is beyond tradition domain and means a kind of action, which is named after as "The Academic Traditions of Education".

As the original attribute of education, the academic traditions stem from the explorations of real life, because of the indispensable relationships that the education is the exploration way to last life. Although to last life with the exploration ways has been half – measures, with people' thoughts and personalities getting personalized, the explorations of life are changing from the "half – measures" to be more positive, and then become the educational process of self – forming for people themselves. This change has altered the quality of the exploration of life. It has also enriched the inner concept of educational activities and ultimately generates an academic tradition for the goal of advancing personal growth with all means. The academic traditions doesn't put on display by the means of knowledge experiences or cultural forms, it exists in the practical activities and is driven by the goals which are showed like practical intensions or action ways for human growth. However, with the advents of systematic and professionalized education, the academic traditions of education have been gradually isolated by the professionalized one, the latter has been increasing the educational efficiency, meanwhile, it makes education inflexible, dull or as the return, the education will do barely on the respect for keeping people step ahead.

This process is completed by turning the professional educations into a way of mapping. According to the understandings of Arendt, the human activities can be divided into three kinds: labor, work and action, which are all relevant to education, but only the "action education" can entirely manifest the academic traditions of education with all possible ways. Nevertheless, when people have changed the cultivation process into a united, duplicative and repeatable productive activity through professionalized educations and typified means, these standardizations and typified maps have replaced the academic traditions about individuals and explorations, the education soon become a high – efficiency tool directly guided by society. We should recognize that the professionalized educations which are map – makers at present making education a tool, don't eliminate absolutely the attribute of explorations of life, for this reason, even though the academic traditions of education are isolated temporarily, the academic traditions will emerge again when the development of practice is in excess of the expectation of theory, the educational forms will be generated from the war between them. The professionalized studies will be superior gradually and declare their victory with the establishment of educational courses.

The hazard for professionalization of education illustrates that the exploration of life and education have something in common, to continue life and the personal growth can not become the affiliations upon some man – made goals, to elevate the academic status of educational studies can not change its own attributes with high cost, moreover, theprivate demands are not the substitute to the educational practice, the educational studies are supposed to choose the way of being practical, this change is on its good way, but we should not judge the practice as "the must", we still need some prerequisite demonstrations on the study directions of education, to find its decent direction and means. The paper point out the explanation for the feasibility of the reform on the educational practice, and for the modification of the troubles in the human development or growth, the turning of educational studies can not only use within the books, it should give impetus to the researchers and planners for who should play the appropriate role themselves and take their actions, or else, everything they have done will be dissipating its price.

Key Words: Academic traditions of education; Educational study; The exploration of life; Practice

目　　录

第一章

绪　论

第一节　问题的提出

一　关注教育研究的困境

所谓困境，指的是一种窘迫的负面状态，造成这种状态的原因并不是因为主体自身的不作为，而是由于其作为并没有收到成效。长期以来，教育研究在学科身份上的尴尬与现实中的无力导致教育研究一直遭受着来自学术界与实践者的双重批评，尽管教育研究者为此付出了巨大的努力，但对其他学科的简单模仿并没有帮助教育研究建构出具有自身特点的理论，反而降低了教育研究的原创性；在现实操作中由于理论与实践的脱节，也未能很好地为教育实践的发展提供引领。因而，上述努力从总体上看收效甚微，现代教育研究处于困境之中是毋庸讳言，更是无须躲避的事实。

"身份"的尴尬。从起点上讲，传统教育研究脱胎于哲学研究，此种研究强调对教育问题进行哲学分析，或者把教育研究看作是哲学研究的一部分，在其产生之初曾经形成了诸如柏拉图的理想国教育等一批具有深远影响力的教育理论。基于哲学研究的人文情怀，这些教育研究大都具有浓郁的人文性质，更多地强调塑造完美的人格，且力图将教育活动内化为人的生活方式，并在此基础上产生了古典的教育传统。然而，上述研究无论在方法上还是在理论旨趣上均未能逃脱哲学方法、观点的制约，也未能生发出具有自身特点的研究方法与理论，这导致在较长一段时期内，教育研究并不被认为是一种独立的学术活动。随着教育研究者学科意识的觉醒，人们开始尝试构建独立的教育学科，如 1623 年培根在《论科学的价值和发展》中曾经呼吁应使教育研究成为一门独立的学科，同时代的捷克教育家夸美纽斯也曾以《大教学论》尝试进行独立的教育研究活动，但脱胎于哲学母体的研究传统使夸氏本人以及后来的洛克、裴斯泰洛奇等人均未能超越哲学研究的路径，仍然沿用了以抽象思辨的方式回答诸如教育是什么等问题的研究方式，这些研究形成了内容庞杂、名目繁多的教育理论体系，也产生了诸如班级授课制与各种教学法等具有科学技术色彩的教学形式。但从总体上看，过于理想化的解释与抽象化的分析导致了研究视域的狭隘和手段的单一，对于现实教育活动的开展并不具有较强的指导意义，教育者们在实践中逐渐觉醒的研究意识未能转化为具体的理论成果并产生现实效益，如卢梭"自然人"概念的提出和康德对教育的论述均属此列。他们要么以自然界为参考描述一种"好教育"的状态，要么从德行出发论证教育的立场，这种论述充盈着人对未来生活的无限向往和企盼，也寄托着人对教育的美好憧憬和希望，但"哲学……的一切都是有争议的，任何一个表态都是个人信念的事情，都是学派见解的事情，都是'立场'的事情"，[①] 哲学思辨使教育研究夹杂了大量的主观因素，对教育的客观性和现实性则未多加考虑，尤其是在 19 世纪自然科学主义席卷学术研究领域的背景下，上述方式方法远不足以支撑哲学思辨的教育研究成为一门符合现代学科规范制度的学科，思辨的教育研究虽然曾经因为倾向于在教育中寻获对人生的庇护而大放异彩，但由于方法上的单一与内容中的缺陷，在科学主义逐渐勃兴的时代逐渐陷入学科危机之中。

为了弥补科学性不足的问题，更为了强调教育研究的当下性，赫尔巴特等人试图结合 18、19 世纪兴盛的科学实证方法来重新诠释教育研究。他们认为教育研究是以实践哲学和心理学为基础的，为"教育者自身所需要的一门科学"，[②] 并从学生的"可塑性"出发，主张用科学的尤其是自然科学的方法进行研究，从而建立了一种以实在论的教育目的为基本导向的严密的教育理论体系。经由戚勒、斯托因等人和实验教育

---

① ［德］胡塞尔：《哲学作为严格的科学》，倪梁康译，商务印书馆 2007 年版，第 3 页。

② ［德］赫尔巴特：《普通教育学·教育学讲授纲要》，李其龙译，人民教育出版社 1989 年版，第 11 页。

学派的努力，教育研究完成了对科学方法的全盘嫁接，并伺机开始谋求在现代学科之林中的地位。客观地讲，以上学者的努力是有成效的，并在很大程度上克服了哲学思辨的教育研究语焉不详、应用性差的缺点，并一度使人们相信，在科学的帮助下，教育研究最终将构建出独属自身的完美理论体系。然而，摒弃古典的教育传统，单纯以学科制度为目标的临摹始终未能帮助教育研究建立起被其他学科所认可的理论体系，更由于过分地强调教育研究的实用性而造成对其理想性的忽视，减少了教育对人生和生活的关注，难以承载人们对教育的期望，成为方枘圆凿之举。随着后工业时代的来临与理性主体的消解，科学实证的教育研究因为无法与人精神世界的需要产生共鸣而再次受到指责，教育研究的学科身份虽然通过引入科学方法而暂时得到提升，但却因为对生活的拆分而无法得到人们的回应，从而受到实践者的抵制，在解决学科身份的过程中，教育研究在学术界与实践者的夹缝中左右受敌，陷入了由学科化引发的吊诡之中。这加剧了"其他严谨的学术同侪"对教育研究的轻视，导致在其他学者看来，教育研究是一门毫无原创性可言的"次等学科"："即使是把教育视为一门学科的想法，也会使人感到不安和难堪，在讨论学科问题的真正学术著作中，你不会找到'教育学'这一项目。"[1] 这一结果严重挫伤了致力于使教育研究学科化的研究者们的信心，再加上巨大的付出并没有得到相应的回报，导致教育界中也"没有人对'什么是教育理论'有一个清晰的认识，直到最近为止，也没有什么人有足够的信心，对需要人们去发掘的教育理论的重要意义有明确的认识"[2]，"更有从事教育学研究一辈子的学者'不保晚节'，私下里或公开在课堂上否认教育学是一门学科"。[3] 的确，尽管教育研究对其他学科具有强大的吸附力与容纳性，但长期以来人们在能否构建起一个教育学科逻辑体系问题上的莫衷一是但没能明确教育研究的立场和性质，反而进一步加剧了教育研究的"迷惘"，使教育研究成为一种为教育实践所呼唤，但却无法应用于实践之中，或者由于过分强调形式而于

---

① ［美］华勒斯坦等：《学科·知识·权力》，刘健芝等编译，生活·读书·新知三联书店1999年版，第43页。

② 陈桂生：《"教育学视界"辨析》，华东师范大学出版社1999年版，第428页。

③ 巴战龙：《教育学的尴尬》，《读书》2003年第10期。

事无补的活动。教育研究如若不能顾及作为实践探究活动的本质特点，不能寻获到一种既顾及古典的教育传统，又顺应科学进步需要的研究路径，并以此出发建构自身的理论，必然将在人们的爱之深责之切中继续被边缘化下去。

　　现实中的难堪。理论上的困境同时也引发了实践中的难堪。在科学主义滥觞的背景下，教育研究出于巩固自身学科地位而进行的学科化、专业化尝试愈演愈烈，却没有达到预期的效果，反而使大量术语与量化方法充斥其中，这种做法在厘清所谓的"专业化"和"非专业化"教育研究的同时，也致使研究者们躲进象牙塔中自呓自语，把教育研究变成一种仅流行在小圈子当中秘而不宣的活动，拉大了同实践的距离，成为杜威所谓的"旁观者的认识论"。实践者需要教育研究，但对他们来说，教育研究是一种通过具体的行动深度介入人的成长过程之中的探究活动，在这个过程中，精准的术语和量化的方法能够在一定程度上帮助人们更好地分析、掌握影响人发展的各种因素，并提供相对客观的参考标准与评价体系以评估和制订前期成果与后继方案。但从生活的角度出发，教育研究更需要帮助人们理解如何更好地促进人的生长发展并负责实现人们的预期生活目的，是一种同教育实践"捆绑"在一起，以行动的方式进行的，融入人的生命历程，能够对人的成长发展产生重要影响，并指向好的结果的活动，而不是一种单纯的以实证方法或理性判断进行的分析活动。然而"旁观者"式的研究立场却强行割裂了实践行动与研究活动的统一性，在强调专业化表达与理论化结果的基础上使教育研究变成独属于某些专业人员的工作或者职业，这就将"研究"凌驾于实践之上，使教育研究及其成果成为远离鲜活生命的场外指导和冰冷的数字、概念或者命题，这与人们通过教育过上幸福生活的期望相去甚远，因而此种研究并不能被大多数实践者所理解与接受。此外，专业化研究所制造的各种各样的概念与眼花缭乱的理论体系使实践者"如坠云雾之中"①，在扰乱视听的同时加深了理论与实践间的隔阂，造成了理论无法唤起实践者的回应，实践者不愿得到理论引领的现象，教育研究的理论困境逐渐演变为实践危机，并引发了诸如课程改革中的"穿新

---

① 陈辉、孙传寿：《教育理论文章要通俗易懂》，《中国教育学刊》2001 年第 4 期。

鞋走老路"、教师培训中的"听着心动，看着激动，回去不动"等现象。这些问题的出现在一定程度上与理论的超时代性有关，却由教育理论脱离实践直接造成，归根结底，上述研究在形式上保证了研究的客观性与科学性，实质上却未能抓住教育促进人的生命延续，进而创造美好生活的本意诉求，造成了形式与内容的割裂，甚至对立。从生活的角度出发，教育研究必须与实践同构，才能保证教育研究之于实践者的亲和力、认同感，而一旦教育研究成为一种高高在上的指挥而非参与，其对实践纵然产生好的影响，此种影响也一定会好的有限。教育研究若要获得现实的认可，就需要对理论与实践关系的问题进行重新审视，并回到实践中去寻找能够恰当呈现生活诉求的研究形式，才能找到适合自身特性的发展道路。

除此以外，现实中的教育研究遭遇轻视的另一个原因是，与其他社会科学研究相比，教育研究无法取得较高的现实效益。如果说专业化的表达过于微言大义，因而不能被轻易理解，那么现实中的成功也能够有效地巩固教育研究的地位。而实际的情况是，专业化的教育研究要么"样本太小，太支离破碎……以至于无法勾画'大的图景'"，要么"无法累积，不能在先前研究的基础上前进，永远都是另起炉灶"①，既无法实现追求真理的目的，也无法成为一种具有整体性与持久性的研究，尤其是近年来在经常把教育研究与医学研究进行类比的背景下，实用性的不足成为吞噬教育理论的一个"黑洞"，进一步加剧了实践界对教育研究的不信任。客观地讲，教育实践与医学实践并不能同日而语，虽然二者都是指向于"好生活"的活动，但医学研究的目的更多地侧重于保证人的生存，而教育活动则注重人的身心健康全面发展。医学研究强调身体机能的健康，且为了能够达到这一目的不惜暂时采取破坏性的做法（如化疗法、放疗法等），而教育实践则完全不同，教育活动无论何时都是以保全并促进人的健康成长与全面发展为绝对目的的，在此过程中，人们并不希望采取任何损害自身健康与成长的方式方法，因而，教育实践与医学实践都指向于生命本身，但不同之处在于，教育实践绝不

---

① ［英］理查德·普林：《教育研究的哲学》，李伟译，北京师范大学出版社 2008 年版，第 149 页。

允许在人的成长与发展过程中出现反复和逆行的情况，而医学实践则会在权衡利弊的前提下，采取暂时有可能损害身体健康的做法以换得相对长期的生存。另外，由于医学研究的实践对象是人的肉体，因而能够以科学实证的方式形成确定的医学理论，且能够完全应用于医学实践并在短期内见到成效；而教育研究则面对不同的个体及其各具特点、丰富多彩的精神世界，只能诉诸于价值和观念的改变，因而无法形成确定的理论体系，再加上教育活动的延时性，无法在短期内改变教育实践，所谓"十年树木百年树人"即此之谓。综上，教育研究不应被拿来与包括医学研究在内的实证研究相比较。然而我们必须承认，应用性的缺乏及由此引入的专业化的研究方式和急功近利、片面单向的结论是导致教育研究不被实践者所接受的根本原因。我们在为教育研究进行辩护的同时，要重视对教育本意诉求的挖掘，并关注教育问题与全部人生、社会问题的统一性和完整性，以便从中寻找教育理论发展的可行路径。

"哪里有生活，哪里就已经有热切的和激动的活动。"① 在绵延的生活中不可能产生停滞的教育，人们也不会终结探索未知的冲动和愿望，实践的发展总是会呼唤理论的创新。专业化的失败与实践界的质疑表明，教育研究原创性不足与现实性单薄的缺陷并不会依靠方法上的临摹与移植而获得解决，教育研究更不由也绝不会通过其他研究产生，在寻找摆脱困境与危机的过程中，采取诉诸于外的做法显然不符合教育自身的诉求，若要为现代教育研究寻找一条适合的发展道路，就必须重视教育的原初精神之所在，要着重看到专业化研究对教育本意诉求的淡化与遮蔽。当然，这绝非要否定专业化研究之于教育研究的积极影响，使教育研究重新回到散乱的、原始的状态中去，而是试图在教育的传统精神与现代教育研究之间找到可能的结合点，为明天的教育研究寻找一条可能的路径。因此，在困境与危机中重新审定教育研究的性质，转换视角，回到原点，以实践为起点对教育研究进行性质与方法上的重新考虑与挖掘，寻找构建教育研究的合理路径，使教育研究能够顺应生活与实践的要求，以此引导教育理论的发展，成为新时代教育研究的唯一

---

① ［美］约翰·杜威：《民主主义与教育》，王承绪译，人民教育出版社 2001 年版，第 50 页。

出路。

二 重视教育实践的变革

实践有其自身的逻辑，它不可能完全遵循理论家所设想的那种逻辑，也常常不会按照行动者事先的规划去行事，因为千变万化的制约因素总是迫使行动者不是按照理论的可能性，而是根据现实的可能性对行为路径或行动模式做出选择，在一定程度上，人们可以改变实践的方向，但无法完全掌控实践的变革。对任何实践活动来说，没有确定的、唯一的结果，实践成果具有多种可能性。在不同的时代中，教育实践始终在发生变化，这些变化一部分是由人们有意识地设计并加以引导而出现的，但也有大量教育实践成果的出现远远超出了人们的预期，这是因为，实践本身就意味着去创新、去开始、去发动某件事，当"某个新的东西出现了，它完全不能从以前发生的事情中预料出来"①，教育实践就像"一列'自带轨道的火车'，不断地按照自己的方向而非编制好的列车运行图驶向下一个站点"②，这说明教育实践同样具有不可预设和优先于理论的特点。所以，当教育实践的变革引起人们的关注时，我们既要注意到新的实践形式或者实践成果的出现及其带来的影响，更应将注意力转移到促使这些实践成果出现的内在原因上，才能修正并完善当下的教育研究，使教育研究真正成为能够反映生活诉求，并帮助人们规划美好生活的具体行动，从而推动教育理论的创新与发展。

教育实践成果的涌现。现实的变革并非不需要理论的引导，先行的实践总是能够在理论之外打破规范，从而产生优秀的成果。从历史上看，具有深远影响的教育实践成果总是出自于研究者对实践长期的浸淫与勇敢的探索，如裴斯泰洛齐在学校中对自然教育思想的实施，福禄贝尔创造"恩物"，杜威在芝加哥附属中学的实验，陶行知、陈鹤琴创办教育基地，提出了生活教育和活教育的观点等教育实验与改革均属此列。这些成果大都开始于深刻的生活体验和强烈的动手意识，在具体的实践过程中，虽然没有前人的做法和经验可资借鉴，但对实践智慧的真

---

① ［美］汉娜·阿伦特：《人的境况》，王寅丽译，上海人民出版社 2009 年版，第 139 页。

② 石中英：《论教育实践的逻辑》，《教育研究》2006 年第 1 期。

切体悟，来自对时代精神的强烈感受，来自对教育中生命价值的猛然醒悟的合聚促使上述教育者勇敢地迈出探索的步伐，投身于汹涌的时代激流中，以个体化的凝练来表达对教育的感受。这种凝练并不是无的放矢式的个人总结和归纳，而是响应教育的感召所进行的一种原创活动，它以时代精神为指引，以教育实践为根基，以研究者的自我体悟与发展为手段，不断叩问着教育的事理和脉络，并最终结成了累累的硕果。

在今天，上述自发的教育实践探究仍然在继续。如李吉林用"28年为儿童素质的全面发展趟出一条小路"①，叶澜等人历经近 20 年的探索进行"新基础教育"实验，历经 18 年之久的"主体教育实验"等。除此以外，现实中还有许多不知名的教师仍然在实践的感召下以身体的动姿寻找着"自己的教育理论"②。基于产生方式与核心理念上的区别，这些探索在其所"秉持的许多立场、提出的许多观点、使用的许多术语乃至这个研究项目本身的运作方式，都有不同于传统的教育研究与教育实践的地方"③，具有极大的原创性，所以在一定程度上可能并不容易被专业人员所接受和理解，尤其是涉及其核心观念的方面甚至会遭人误解，④ 但他们始终能够坚持将创造美好人生的行动化作具体的实践，始终能够以积极生活的目的开展实践探索，并不会因为在某些方面得出了与专业化理论相悖的结论而改变自身的初衷。正因如此，这些尝试才能发前人所未能发，言常人所不敢言，在勇敢的尝试中不断凝练、总结，从而唤起实践者的共鸣并产生广泛的影响，激励着其他探索者不断"在

① 李吉林：《28 年趟出一条小路——教育创新需要持久地下功夫》，《中国教师报》2006年 5 月 31 日第 1 版。

② 汪朵：《中小学教师应该有自己的教育理论——南京市关于"教师的教育理论"的讨论综述》，《上海教育科研》2009 年第 9 期。

③ 王建军、叶澜：《"新基础教育"的内涵与追求——叶澜教授访谈录》，《教育发展研究》2003 年第 3 期。

④ 如叶澜等人提出的"生命·实践"教育思想中，有关"生命"和"实践"的内涵与关系就容易被人误解。在叶澜看来，生命并不仅仅包含生存性的内容，更多地蕴含着一个人在成长发展的过程中所能遭遇到的一切因素，而实践则包含了探索与掌握这些因素的所有手段和方式，所以，"生命·实践"教育思想的核心观念在于，关注影响人的生命成长中的所有因素，并根据当下的需要积极努力地调整与改变人的生活境况，从而为人生提供一条通向幸福与美好的道路。

变革的大时代中研究教育变革实践，在研究教育变革实践中参与教育实践新质的创生，在研究、参与教育实践的新质的创生中建构新的教育理论"①，丰富和完善了现有的教育理论，通过与实践的相互促进推动了教育理论与实践的双赢发展。

客观地讲，上述教育实践成果在一定程度上参考了专业化教育研究的形式，也融合了大量专业化研究的成果。然而，不管是在内容上，还是在方法上，特别是在其产生的实践效应上都大大超出了专业化研究的范畴，从而形成了一批无法用专业化的教育理论进行解释，却散发出独特魅力的原创教育思想。相对于专业化的研究而言，这些成果中最吸引人的并不是其创造的新概念或者教学模式，而是内蕴其中的开拓创新、关爱生命的坚守与执着。对于此种坚守与执着，我们不能简单地仅从教育者所具有的高尚人格与博爱胸怀等方面进行解释，他们之所以能够几十年如一日、孜孜不倦地探索提升生活质量，促进人生发展的路径与方法，就是因为他们已然将这种充斥着强烈的生命关怀的探索活动内化为了自身的生活方式，因而在这些实践成果中，才会饱含促进人的成长发展的价值诉求与精神实质。换言之，优秀实践成果的涌现并不能被视为偶然的结果，教育实践内蕴的探索精神激励着实践者不断寻找符合生活需要的教育形式，这种探索虽然艰辛，但秉持探索精神的教育实践必将产生符合生活需要的原创教育成果。这说明，教育实践中保有一种开拓创造、寻求美好的诉求与传统，它能化作具体的行动驱使人们朝向一种"为人"的教育而努力，而符合生活需要的原创性教育研究就在这样的探索之中产生，并在时代精神与生活诉求的合聚下共同促成了教育实践的变革。优秀教育实践成果的涌现启发我们，教育研究必须要关注当下，必须要关注教育关怀人生的传统精神与价值诉求，这样才能摆脱既有规范的约束，生成能够唤起人们共鸣的理论成果。

民间教育学异军突起。当一部分教育学者力图通过专业化的方式为教育实践领航导向时，教育实践自身一直遵照自身逻辑发生着悄然变革。这种变革在很大程度上超越了专业理论的解释范畴，它不是完全由

---

① 叶澜主编：《回望（生命·实践教育学论丛第一辑）》，广西师范大学出版社 2007 年版，第 127 页。

专家预设的，但却实实在在地发生着影响，并在实践者的亲身参与中形成了前理论、前反思、前学科的，具有强烈实践智慧色彩的教育经验与成果；它们隐藏在行动背后，尚未用语言和文字进行精确的表述，但却支撑着每天教育生活的继续，是一种具有草根性、群众性的实践形式。从"非专业"的角度出发，人们将其称之为民间教育学①、群众性教育科研②和人民学术③等。

"民间教育学"是伯恩斯坦在波兰尼"缄默知识"的基础上提出的概念，主要是指存在于具体教育教学活动和个体行为中的直觉性知识与实践形式。民间教育学自古有之，很少能够得到表达和陈述，其受制于事实而非智识，出现于行动而非沉思。以"民间"冠诸此种实践形式，主要是为了与"官方"或"专业"的教育知识相区别，泛指其在教育中的隐蔽性和原生性。从杜威所划分的两种教育及对其关系的相关论述中，我们不难找到理解这一概念内涵和特点的切入点。

杜威曾经区分过两种形态的教育，一是"每个人从和别人共同生活中所得到的教育"，它是一种偶然的、自然的、原生态的教育，发生在人们的互动与实践参与之中，人们无法用确定的方式规定或者进行这种教育，也无法以知识化的方式表达此种教育，但基于生活的延续，它不断驱使着人们寻找能够促进交往与沟通的方式，使人在这一过程中得到生长发展。这种教育在我们身边司空见惯，如父母对孩子的耳濡目染，师长对弟子的言传身教，朋友之间所进行的交流沟通，以及个体在参加社会实践过程中的所见所闻等；另一种则是有计划、有意识的"比较正规的教育，即直接的教导或学校教育"，它们大多出现于专门的训练与

---

① 石中英：《波兰尼的知识理论及其教育意义》，《华东师范大学学报》（教育科学版）2001年第2期；班华：《略论学习"民间教育学"》，《教育学报》2011年第2期；康永久：《回归生活世界的教育学》，《教育研究》2008年第6期；唐悦、胡爱：《教学中的隐形知识：民间教育学与教师教育》，《现代教育科学》2004年第6期；刘黔敏：《民间教育学刍议》，《上海教育科研》2008年第1期。

② 胡兴宏：《群众性教育科研的追求》，《上海教育科研》2010年第7期。

③ 毕世响：《教育学：人民学术——教育的世俗与神圣》，《内蒙古师范大学学报》（教育科学版）2005年第3期。

学习中。① 这种教育仍然以促进人的生长发展为目的，但与非正规教育对人的发展的影响相比，这一教育的目的具有预设性与确定性的特点。因此，为了实现预期的目的，正规教育采取了一系列规范性的做法，如安排专门人员负责教育教学活动，并对如何更好地开展教育活动进行专门研究等，在此基础上便产生了专业的教育理论。需要注意的是，非正规教育与正规教育最大的区别在于，前者的目的与实践合一，目的随着实践的探索不断变化发展，因此非正规教育的发展空间是广阔的，结果是多种多样的，符合人追求超越式发展的生命诉求；后者的目的外在于实践，人们通过一定程度的努力，便能够实现目的，目的一旦达到，实践就会失去其价值与意义，教育实践及其过程在这种教育中便成为达成预设目的的手段，具有极强的工具性。这就解释了为什么在工具理性泛滥的时代，正规教育总是能够为人们所倚重，而非正规的教育却总是呈现出隐性的状态。但杜威强调，教育要承担延续生活的历史责任，教育绝不应成为工具或者手段，正规教育必须要被包含在"广阔的教育过程"之内，通过这一过程，人们既要找到延续生活、促进人的生长的恰当方式方法，又要获得自身的长足进步，从而实现人与社会连续、动态的发展。而把教育过程与教育目的分割开来的做法，必然将造成教育与人生的割裂与对立，对生活的完整性造成损害。现代教育之所以出现远离生活、脱离实践的现象，根本原因就在于，人们过多地以预设的教育目的置换了教育的原生态诉求，并在形式和手段上过分地倾向于保证预设目的的实现，这必然会产生异化的教育行为，并对与生活同构的非正规教育造成压制，最终导致正规教育与非正规教育的分离。

杜威强调非正规教育的重要性并不是要贬低正规教育的地位，但他对二者关系的论述却反映出，正规教育，尤其是学校教育在制度化社会崇尚生产、追求效率的时代背景中被工具化，违背了促进人的生长发展这一初衷；非正规教育存在的意义在于，它能够不断抵制、纠正那些违背生活目的的偏激行为方式，使身处实践中的人健康发展。民间教育学的出现由人们对非正规教育的关注而产生，更因这种教育坚定于引导、

---

① ［美］约翰·杜威：《民主主义与教育》，王承绪译，人民教育出版社 2001 年版，第 13 页。

促进人健康成长的独特属性而备受关注。从内容上看，民间教育学并不是体系化的教育知识，而是以经验、直觉方式存在的实践智慧，更确切地说，民间教育学是一种生活方式的展现，教师在此种生活中并不试图"掌握更多的教育技艺，而是试图通过使教育更多地接近于生活和学生的实际，以及试图更多地发挥蕴含在环境之中的教育学，来减轻对教师的教育技艺和识记性知识的压力"①。从作用上看，民间教育学在日常生活中隐而不发，是支撑人们开展教育活动的"底色"或"基石"，但在人们判断、解释、处理教育问题的过程中起着难以想象的作用。它关心人的成长和发展，立足于"祛崇高"和"草根"的立场，"决心将所接受的观点都仅仅当成意见，或者把普通意见当成至少与最陌生和最不流行的意见一样可能出错的极端意见"② 来帮助人们开展教育研究活动，使这种教育研究活动能够随时保持自觉的反思，并随时采取适当的手段调整策略，保证促进人的全面发展。从形式上看，民间教育学来自于教育者的实践意识的觉醒，它虽然没有形成系统的理论或观点，但回顾教育实践的变革，不管是在由教育学者所领衔的实验中，还是在由一线教师发起的改革中，均能找到它的身影。总之，民间教育学等教育实践形式的出现是教育追求促进人的生长发展，追求实现人与人之间更好地进行沟通交往的精神实质的展现，是原生态的教育在专业化的时代潮流中保持自身独立性的内在诉求，是实践者在实践过程中对专业化教育理论的自然应激与反思。

民间教育学的出现显示出非正规教育的强大影响力，更激起了人们对专业化教育研究的反思，它呼唤人们重返教育的原点，并以彰显人性、促进人的发展为目的重构教育研究。当我们以民间教育学的视角审视教育研究的理论困境与实践危机时，就会发现，问题的出现不在于曾经引入了何种方法、采取了何种手段改造教育研究，而在于现代教育研究抛弃了教育应与人生合一、应与生活实践同构这一最大的传统，因而导致理论与实践脱离、现实与理想抵触等现象的出现。值得庆幸的是，专业化的教育研究虽然以手段置换了目的，使分析脱离了生活，但教育

---

① 康永久：《回归生活世界的教育学》，《教育研究》2008 年第 6 期。

② ［美］列奥·施特劳斯：《什么是自由教育》，转引自刘小枫、陈少明主编《古典传统与自由教育》，华夏出版社 2005 年版，第 8 页。

源于生活、源于实践这一事实却并未发生变化。所以，酝酿于民间教育之中，受到专业化研究挤压的非正规教育仍然显示了其缄默而强大的力量，正是在这种力量的推动下，才涌现出诸多优秀的实践成果，最终促使教育研究发生改变。

三　来自生活体验研究的启示

"搞研究就是对我们感受世界和理解世界的方式提出疑问"[1]，而如何解决疑问则必须依靠恰当的研究方法。人们一般会基于两个方面的考虑来选择使用何种研究方法，一是理论的发展，二是实践的需要。随着人们对某一事物认识的不断深入，人们有关该事物的理论认识会促使人们不断改进和调整研究方法，以获得更为符合新兴理论的发问方式；而随着实践的推进，旧的研究方法在某种程度上不再能够满足实践的需要，为了避免问题的累积造成研究的倒退，人们还必须更新研究方法。这两个方面缺一不可，如果仅仅跟随理论的发展，而不顾及实践的需要选择研究方法，则可能会产生方法大过问题的结果，造成研究的表面化与形式化，这对我们感受与理解世界毫无益处；反之，则可能降低研究的价值，无法获得对世界深入细致的理解。历史地看，教育研究对方法的选择并未能做到认识与行动的统一、理论与实践的统一，当教育仅仅被视为一种满足纯精神需要的活动时，人们采取了哲学思辨的方法解释教育，而当教育被视为社会生产的工具后，科学实证的方法则占据了上风。因此，不管是哲学思辨的方法，还是科学实证的方法，都未能揭示出教育的本意诉求，在一定范围内迎合了人们的某种愿望，却无法满足实践发展的需要，更无力推动教育研究自身的进步。随着时代的发展，当后现代主义为人们揭示出一个充满了矛盾、变化、发展、异质的世界以后，如何在丰富多彩的世界中维持自身的发展，如何在千变万化的生活中实现自身的价值就成为教育研究最大的课题，尤其是在由尼采、福柯等人对人生意义与价值的重估和冲击所引发的生活方式大变革的现象出现后，如何看待人生、如何使人生更为真实愈加引起了人们的关注。

---

[1] ［加］马克斯·范梅南：《生活体验研究——人文科学视野中的教育学》，宋广文等译，教育科学出版社2003年版，第7页。

这一切呼唤着一种既能反映时代精神，又能满足现实需要的教育研究方法的出现，在此背景下，强调理解，重视个体经验的生活体验研究成为教育研究中一股新的潮流。

"生活体验研究"的提出者是加拿大阿尔伯塔大学教育学教授马克斯·范梅南。他在《生活体验研究——人文科学视野中的教育学》中"试图对用于人文科学研究和写作的解释现象学方法做一介绍和描述"①，而这种将解释学、现象学中的方法和态度运用于教育问题并进行研究的方式就是生活体验研究。总的来说，胡塞尔"面向事实本身"的现象学思想是生活体验研究重要的方法论基础，它试图通过对教育现象的体验、反思和描述揭示教育过程中各因素之间的关系，展现教育事实本身，避免使教育研究远离生活，是一种强调个人体验的原始性、情境性和真实性，有别于传统教育研究的人文科学的研究方法。生活体验研究首先以一种方法论的面貌出现在教育研究之中，扭转了工具理性支配下以量化实证为主的研究方式统摄教育研究的局面。它以现象学、后现代主义等理论为基础，强调对起始于生活世界、引起人们关注的现象进行解释，通过对本质的追问与理解，揭示与描述生活经验中的内在意义结构。这种研究方式注重对人们在世界中前反思性的体验方式进行细腻的描述，进而揭示其意义，而不是单纯地分类、分级或使之抽象化。同时，它通过周全的反思探索人类生存的意义，通过对生活体验的描述来激发人们的思考。生活体验研究不提供解决问题的路径和答案，却唤醒我们认识问题的兴趣与热情，它的目的既不是要指责实践，也不是要表扬实践，而在于引起人们对没有受到应有关注的教育生活的各个方面的关心，并尽可能地去认识它们，从而切实推动实践的发展。

教育研究是一种融人性的关怀与理性的分析于一体的研究。教育研究更多地带有主观情感与价值判断的因素，其间充斥着滚烫的生活热情和强烈的生命关怀；而其他研究，尤其是自然科学研究，更多地属于一种冷静的剖析，理性色彩强烈，人性温度欠缺。从这一角度上讲，生活体验研究作为一种研究方法恰恰符合了人们感受生活、寻求人生意义的

---

① ［加］马克斯·范梅南：《生活体验研究——人文科学视野中的教育学》，宋广文等译，教育科学出版社2003年版，第1页。

需要和诉求，因而能够广泛流行开来。在生活体验研究的启发下，叙事研究、行动研究等质性研究方法在教育研究中逐渐出现。这些方法的流行标志着教育研究摆脱科学主义方法情结，以教育问题为出发点，寻求合乎自身特性方法的努力。其更大的意义在于，以生活体验研究为代表的质性研究方式使以往盘踞于象牙塔中、冷冰冰的"研究"活动真正走入具体的教育生活之中，并赋予教育中每一个人以探究的权利，从而打破研究者和实践者之间的界限，使教育研究真正成为被教育者所能够接受和践行的一种活动，促进实践与理论之间的转换。① 这种转变看似降低了教育研究的"格调"，实则拓展了教育研究的空间，促进了教育领域内思想的解放和实践的创新。除此以外，"人文科学研究本身就是一种教化和教育"②，关注人的生长，帮助人进行人生规划本来就是教育研究的学术传统，进行生活探究即是进行教育，教育的终极目的就在于促进人际间的沟通与交流，所以，生活体验研究所展示出的全纳性从另一个角度上也反映出教育研究渗透于生活实践中，以帮助对话和交流顺畅发生的特质。因而，我们可以说，不是教育研究发现了生活体验研究，生活体验研究本身就是能够帮助人们更好地实现人际交往的方法；生活体验研究不是作为一种外来的方法被注入教育研究之中，教育活动通过自身的实践自主选择了它。此外，生活体验研究秉持的"悬置"

---

① 如某期刊"投稿指南—栏目设置"中，有"三分钟教育学"一栏，分札记、师语、教学手记和课堂智慧四类。其中"札记"要求：以随笔短论的形式呈现教师的个性化思想，强调个性色彩、个人风格；"师语"要求：对教师职业生涯和日常工作中发生的一些小事的感悟和反思，体现"一个好教师的职业生涯和日常工作就是一部鲜活的教育学"的境界；"教学手记"要求：以具体的教学片断或教学细节为切入点，从教学思路、教学方法和教学效果等方面反思教师自己的教学活动；"课堂智慧"要求寻找教师在教育教学生活中的"智慧"灵感，以鲜活的"智慧"灵感激发教师更多反思性的智慧和情境机智的出现，促进智慧型教师成长。可以说，其所要求的以"随笔短论的形式"、对"日常工作中一些小事的感悟和反思"、"以教学片断或教学细节为切入点"、"寻找教育教学生活中的'智慧'"等方式方法，都是应教育探究的内在要求而提出的，它力图能够摒弃规范的操作，转而寻找贴近人、贴近教育生活的形式来表达存在于"教师职业生涯和日常生活"中的教育学术，在此基础上，其力图要展现的教师的"个性色彩与个人风格"、"'鲜活的教育学'"、"反思性的智慧和情境机智"等充盈着教师个人生命经验与体悟的结果，则构成了教育研究不同的形态。

② ［加］马克斯·范梅南：《生活体验研究——人文科学视野中的教育学》，宋广文等译，教育科学出版社 2003 年版，第 9 页。

立场表明，教育探究被实践的意图所驱动，并具备自主甄别与选择的能力。也正因如此，教育活动才能始终保持相对的独立性，在复杂的现实中始终恪守生活的立场。

尽管生活体验研究所代表的质性研究方法尚未达到完全成熟的状态，但却迅速被人们接受，并在教育研究中流行开来，这不得不引起我们对它的关注与思考。第一，基于对鲜活的生命与具体情境的关注，生活体验研究能够帮助人们抓住当下，瞩目于人的现时发展，并借此来改善具体的教学行为，因而它赋予教育研究以生机，相对于预设未来、注重规范式的研究来说更为亲切，自然为实践者所呼唤且易于接受。第二，从生活体验研究等方法一出现即被接受的事实反映出，这些方法在形式、目的上与教育创造生活，促成人的多样发展的精神实质和学术传统不谋而合，所以，它的流行并不是偶然的，而是教育本体诉求的现实表现，甚至在某种程度上可以说，采取生活体验的方式进行研究就是教育的传统之一。第三，从教育伴随人的生长、寻找多种促进人发展的可能路径这一传统出发，生活体验研究等方法并不应成为进行教育研究的唯一方法，但它却为我们指明了教育研究的发展方向，即应该关注个体，关注具体的情境。教育研究也只有深入实践中去，才能符合丰富多样的人性需要，真正成为为人的生长发展所需要的生命活动。

四　聚焦教育的学术传统

综上所述，当教育研究的理论困境与实践危机成为制约现代教育研究发展的重要课题时，现实的变革已然以行动的方式回答并指出了解决这一课题的方向就在于关注生活、走向实践，而生活体验研究等方法的流行与成功运用则成为证明这一研究方向正确性的有力佐证，教育研究走向实践不仅成为一种理论上的共识，更化作了现实的选择。对研究者来说，心安理得地接受这一结果，并顺应这一趋势开展教育研究，在某种程度上可以推进认识的深化，从而构建新的教育理论，但若要避免使教育研究再次陷入僵化、静止的发展势态，使教育研究能够成为持续促进人的生长发展的活动，就不能仅仅停留在对结果的推广和运用之上，而应对促使实践发生变革，促使研究转向实践的原因进行更为深入细致的讨论，这样才不至于使走向实践的教育研究重陷专业化研究的窠臼。

　　长期以来，专业化的教育研究强调理论对实践的指导，它的理论来源于对生活与人的发展的思考。这种理论一经形成，便化作规范切入实践之中，并试图以指导和牵引的方式促使教育实践发生变化。这种变化是"自外而内"式的，更多地强调以理论的力量改变实践的方向，如果继续沿用这种研究方式，就无法解释上述并非通过理论的牵引而自主出现的实践变革，更无法解释充盈于教育实践之中、已化作具体成果与研究方法的内源驱动力。所以，我们有必要回到教育的本体、有必要返回到教育的原点，对教育的原初存在状态与本体属性进行说明，才能解释为什么在专业化研究的挤压下，关注人生、延续生活的精神传统依然能够保留下来，并以积极主动的探索促使教育实践发生变化。为了避免使被说明的对象成为说明的依据，我们不能再继续沿用外部观察与分析的路径，而应采取"自内而外"式的深度还原的方式方法，才能使教育的原初精神得以彰显出来。

　　在今天，试图还原教育原初精神的做法是，通过对古典教育的重新审视彰显被遮蔽的教育传统，以寻求当下教育精神的合理建构。这一做法是可取的，因为古典教育所遗留下来的文化传统中蕴含着人们对教育最为原始、朴素的认识，通过这些认识，我们有可能超越现代化以来对教育的种种遮蔽，从而理解教育的内涵所在。需要注意的是，经验化的、知识化的教育传统并不能成为推动教育实践发生变革的内源驱动力，如果对挖掘教育传统的理解仅仅止步于以传统知识指导现实活动，就会重蹈专业化的教育研究以理论指导实践、以理论说明实践的覆辙，无益于认识的深化，更无益于教育研究的发展。传统不仅仅指古代形成的经验文化，"传统是围绕人类的不同活动领域而形成的代代相传的行事方式，是一种对社会行为具有规范作用和道德感召力的文化力量，同时也是人类在历史长河中的创造性想象的沉淀"①，延续传统的"主要媒介不是自我意识，而是阿多诺称之为'未加预定的、未经反思的和有约束力的诸种社会形式的生存'的那个东西"②，即实践。因此，我们

---

　　①　[美]爱德华·希尔斯：《论传统》，傅铿、吕乐译，上海人民出版社1991年版，译序第5页。

　　②　[英]彼得·奥斯本：《时间的政治》，王志宏译，商务印书馆2004年版，第180—181页。

需要明确的是，对教育传统的呼唤与重申，并不是要从古代寻找帮助我们应对当下问题的万能药方，谦卑地聆听先贤的声音，也不是要在历史中寻找现实问题的解决之道。关注古典教育的目的并不是要使原始教育重现人间，而在于通过对教育传统之中"未加预定的、未经反思的和有约束力的诸种社会形式"的寻找纠正人们看待教育的视角，并以此激活当下的教育研究，从而在真实面对当下问题的基础上，寻求对现代教育精神的合理建构。换句话说，审视教育传统的目的不是要去获得有关古典教育的知识，而"重在提出一种理念，那就是古典传统并未离我们远去，恰恰深深地隐藏在我们当下的教育精神诉求之中"①，隐藏在未经专业化改造的教育实践之中，如果我们仅仅试图通过历史研究呈现古典教育的观念性传统，并不能借此完全揭示教育的本体属性，我们需要在重申古典教育传统的基础上更进一步，使古典教育传统中所蕴含着的教育原初精神以更为明晰的形式表现出来。

本书以"教育的学术传统"表达源发于教育活动的实践诉求、但却以传统文化的形式展现出来的教育原初精神。之所以用"教育的学术传统"指征上述教育的本然属性，基于以下几个方面的原因。第一，"学术"并不是"阳春白雪"式的沉思，"下里巴人"式的介入更体现出学术的本性和对生活实践的参与性。教育的学术传统包括关于教育的观念与行动，但与那些将教育作为对峙之物的理论截然相反，教育的学术传统并不是要站在教育之外对教育指手画脚，而是与生活融于一体的具体实践。第二，"学术"并不仅仅是抽象的考察，而是一种处在不断行进与超越过程中的探究，它既表达了超越一切规范、知识，直指人的全面发展的理想，又承载着关注现实中的人，关注当下实事的愿望。因此，学术并不是固定不变的知识，而是生成的、变化的活动与认识，它永远地在生活的"途中"生发和成长着。教育的学术传统展现出促成教育生长发展的特性，它并不能简单地和教育传统或教育规范等相提并论，因为，前者表达了教育的生成性，而后者则止步于某种固定的套路和模式。第三，"那些对传统视而不见的人实际上正生活在传统的掌心之中，

---

① 刘铁芳：《古典传统的回归与教养性教育的重建》，北京师范大学出版社 2010 年版，第 353 页。

正如同当他们自认为是真正理性的和科学的时候，并没有逃出传统的掌心一样"①。在体制化的时代，教育的学术传统并不会趋炎附势，它与人对幸福生活的追求始终保持一致，它对教育活动的影响是潜在的，以"润物细无声"的方式引领着教育的方向，任何对教育的解读和认识都或多或少地带有学术传统的影子，"整个现代教育，在制度、组织形式和理念上，都处于与古典传统的张力之中"②，无论外在的体制力量是如何强大，始终未能更改教育追求美好生活的根本诉求。第四，"'传统'的本质不是在过去，而是在现在。'传统'即存在于我们的生活方式中。甚至可以说，'传统'就是我们生存的一种方式"③。虽然"传统总是在变化之中，然而传统的概念中有某种东西包含着耐久性；传统的信念和习俗具有抵制变化的完整性和延续性。"④ 所以，传统既是历史的，也是现实的；既是过去的，也是当下的，传统与具体的生活密不可分，且处在与生活不断同构的超越与生成之中。教育的学术传统不可能离我们远去，它就是存在于当下的教育实践之中，且发挥着抵制某些消极变更作用的价值诉求，因而它总是在必要的时刻通过对现实的批判，呼吁并提醒我们回到教育的原点。在本书中，教育的学术传统并不是一个故作高深的概念，也不是为了吸引眼球而刻意制造的概念，它以传统的形式出现，包含着历经历史的沉淀而累积下来的经验知识，但又超越了传统的范畴，更多地指征着一种行动的意图，是符合教育原生态属性的教育实践形式。

第二节　有关教育学术传统的相关研究成果

以促进人的健康成长与发展为出发点，探讨蕴含于教育活动之中的

---

① ［美］爱德华·希尔斯：《论传统》，傅铿、吕乐译，上海人民出版社 2009 年版，译序第 7 页。

② 《思想与社会》编委会：《教育与现代社会》，载《思想与社会》第七辑，上海三联书店 2009 年版，导言第 2 页。

③ 朱德生：《传统辨》，《北京大学学报》（哲学社会科学版）1996 年第 5 期。

④ ［德］乌尔里希·贝克、［英］安东尼·吉登斯、［英］斯科特·拉什：《自反性现代化——现代社会秩序中的政治、传统与美学》，赵文书译，商务印书馆 2001 年版，第 80 页。

生活诉求是教育基本理论研究的共识，但将其归结为"教育的学术传统"的研究却较为少见。这是因为，从概念使用上讲，近现代以来，"学术"一词往往与"学科"一词混用，所以在多数研究中，人们以"传统"来描述教育的原初精神，却规避将此传统与"教育学术"联系起来。这种处理方式虽然可取，但造成了人们对教育精神的形式化理解，即容易以固定的、经验式的原则、理论来理解动态的、变化的生活诉求，在研究过程中避免了歧义的产生，却限制了思想的内涵。

一　教育学术

"学科是相对独立的知识体系"，① "称一门知识为学科，即有严格和具认受性的蕴义"，② 这就要求必须找到一种被普遍认可的标准。这个标准即"要有特殊的对象；要有完整的理论体系；要有公认的专门术语和方法论；要有代表性的人物和经典著作"，③ 也就是说，作为一门学科，它必须要形成自己的思想体系，甚至是"学科堡垒"，从而确立它的规范与准则，建立起所谓"学科规训制度"。正如福柯所说，"学科构成了话语生产的一个控制体系，它通过同一性的作用来设置其边界，而在这种同一性中，规则被永久地恢复了活动"④。而"学术实为知识活动的高层表现，它当然与任何知识活动一样是人类认识水平高度发展的产物"⑤，但"学术"一词所被赋予的情感、意义、内涵似乎均超出科学、学科的范畴，尤其是在人文领域内，当我们指征某一学术理想、表达某一学术愿望、进行某一学术探究时，学术一词的内涵和外延绝非"学科"这么简单。如刘梦溪认为："学术思想是人类理性认知的系统化，而且须有创辟胜解，具备独到性的品格。既系统又独到，属于

① 《中华人民共和国标准学科分类与代码表》，1992 年 11 月 1 日批准，1993 年 7 月 1 日实施。

② ［美］华勒斯坦等：《学科·知识·权力》，刘健芝等编译，生活·读书·新知三联书店 1999 年版，第 14 页。

③ 王建华：《高等教育学的演进——学科制度的视角》，《清华大学教育研究》2003 年第 1 期。

④ 王有升：《论教育学学科的学术建构》，《南京师范大学学报》（社会科学版）2007 年第 1 期。

⑤ 张国刚、乔治忠：《中国学术史》，东方出版中心 2002 年版，第 2 页。

思维的成果，具有形而上的特点，这才是学术思想"①，强调学术的超越性和形而上性质，道出了学术与科学知识的区别。张国刚等人认为，"学术乃是人们针对各种专门问题，以追求认识的正确性与深刻性为目标的研讨过程及其成果，它以较为系统的理性见解实现于社会，对事物的形式、内容、性质、意义、发展趋向以及事物间的深层内在联系等问题进行思辨并做出解答，有着摆脱利益制约的趋势和不苟同于众的相对独立性，并且在社会上形成相对独立的运作系统，而逐步扩大着在整个社会生活中所占的份额"②，对学术的认识也远远超出学科的范围。遗憾的是，在教育研究中，教育的学术性与学科性似乎未能被很好地区别开来，造成了许多研究以"学科"替代"学术"的现象，窄化了教育学术的内涵，限制了人们对于教育学术传统的认识。

教育学术是对在教育领域内所从事的学术活动及其成果的总称。截至目前，"教育学术"一词并没有确切的定义，对其进行的专门研究也很少，但也有学者从不同的层面对"教育学术"进行了不同的阐发。如于述胜教授在《从教育学史到教育学术史》一文中提出的定义："教育学术就是关于教育的学问及其治学之道"③，此概念又被刘旭东教授在《教育的学术传统与教育研究》一文中加以发挥，认为教育学术以教育实践及其历史为研究对象，所讨论的是与教育活动本身相关的各种问题。④ 于文的概念相当宽泛，并没有严格界定其内涵与外延；刘文寻找教育学术传统与教育研究间的融通，是站在传统学术的立场上对教育研究工作的展望，其定义将关注点放在"教育学术研究"，突出了教育学术研究中的生活性和实践性，对教育学术传统本身的阐释不够详细。母小勇教授在《论"教育学术"视野中的教师教育》一文中提出的整合性"教育学术"概念，就是"建立在人类特有的、专门化的教育教学活动中的活动规范、理论基础和方法体系，它既受制约于教育对象，又受制约于学习材料"⑤，其主体是学科教育专家。这个概念的提出较

---

① 刘梦溪：《中国现代学术要略》，生活·读书·新知三联书店2008年版，第8页。

② 张国刚、乔治忠：《中国学术史》，东方出版中心2002年版，第5页。

③ 于述胜：《从教育学史到教育学术史》，《教育研究》2005年第12期。

④ 刘旭东：《教育的学术传统与教育研究》，《高等教育研究》2008年第1期。

⑤ 母小勇：《论"教育学术"视野中的教师教育》，《教育理论与实践》2004年第8期。

为正规，但是定义的范围狭窄，仅限于中小学教育领域，不能涵盖更加广阔的教育现象，同时，母小勇从目前通用的关于"学术"的定义出发，对教育学术进行了明确的解说，虽然概念清晰，符合今天通行的学术规范要求，却有混淆学术与学科之分的嫌疑，因此很难保证教育学术的独立性。薛忠祥教授在《教育学术——教师专业化的发展走向》一文中认为，教育学术的概念不仅要具有更大的概括性和普遍性，而且还要有严格的学术规范要求，这就需要从哲学和科学规范上进行界定，所以他认为，教育学术即教育哲学研究与教育科学研究。① 薛忠祥从教师专业发展的角度，对教育学术提出了新的解释，但仍然将关注点放在"研究"上，忽略了对"学术"本身意涵的挖掘，显得有些狭窄，且此概念与母小勇的概念都是从教师专业发展的角度来界定教育学术，本身在研究视域中就窄化了教育学术的意涵。

因此，研究教育学术的理论视域应加以扩展，即对教育学术的研究应放在整个教育领域中来进行；但研究教育学术的内涵所指却应逐步缩小，即对教育学术的研究应逐渐聚焦于教育学术本身，而非就教育学术研究泛泛而谈。

站在宏观的角度对教育学术进行研究，胡德海先生可作为代表。胡先生曾经提出"思考教育科学、弘扬教育学术"的主张。他认为，"任何一门科学的研究工作，最困难和最有价值的部分莫过于其基本原理的研究了。这个部分的研究是任何一个学术体系的基础建设性工作。教育学的情况也正是这样"。因此，胡先生对教育学术的理解可被看作是对教育基本原理的研究。而他所谓的教育基本原理，指"以人类社会全部教育现象为研究对象，是对人类教育所作的总体思考。因此，它是关于教育的普遍规律的学问，是具体教育学科最原则、最基本的概括和总结，又是指导各门具体教育学科的专业基本理论"，"对教育学中的其他分支学科或教育学的其他课程来说，是共同适用的并具有普遍指导意义"②。可以看到，胡先生所谓的教育学术是显性的，且关注点在于教育学科体系的构建，是从宏观角度对教育学术的解读。但也有学者从关

① 薛忠祥：《教育学术——教师专业化的发展走向》，《教师教育研究》2009 年第 3 期。
② 胡德海：《思考教育学》，《西北师范大学学报》（社会科学版）2004 年第 1 期。

注生活、关注生命的微观视角对教育学术进行描述。如石中英教授在《"教育"概念演化的跨文化分析》一文中对"学"进行了细致的考察后认为，"学"至少包括四个方面的意义：第一，"学"以为人，这是目的，也是内容，是二者的统一；第二，"学"则由己，这是人生修养的根本方法；第三，"学"须有恒，这是"为学"的基本前提；第四，"学"无贵贱。因此，"学"所关心的不是一个有限的知识世界和知识生活，而是一个无限的道德世界和道德生活；"学"所追求的不是个体的某方面心智的发展，而是整个人的生成，整个生活世界的构造；"学"所依托的不是纯粹的理性，而是人的整个内在世界和外在世界的参与。"学"与生活不是脱离的，"学"本身就是一种永无止境的高尚的生活方式。"学"包含着、浸透着、显现着、延续着一种强烈的人文精神。① 这里的"学"即教育，可以看出，这种对于教育及其学术的理解更为强调教育中所蕴含的对于生活的期望，而非大一统的体系的构建，因此，可被看作是一种隐性的教育学术观。

可以说，在不同的教育学术观下，教育学术的存在与表征方式是不同的。一为显性的存在方式，以教育原理、教育基本理论的探讨为主，这类形态的教育学术主要存在于专门的教育研究机构，如大学、教科所等；二为隐性的教育学术，这类形态的教育学术既可存在于专门的研究机构中，也可存在于具体的教育生活和教育实践中，从这个意义上讲，教育学术不是仅能为专门研究人员所掌握的一种学术，如果从广泛性看，隐性的教育学术更是它的基本形态，只要深入具体的、变化的教育情境中的人，都会或多或少地体验和践履教育学术。教育学术"追问伦理、事理和道理，伦理指其成人目标，事理示其行事依据，道理言明行事成人的规律。它充满人文情怀，从始至终关注的是人的成长和人的价值的实现；它崇尚理性思考，不仅致力于教育活动中人的需要的满足，同时也指向教育活动言之成理和行之有效；它胸怀远大理想，无休止地追求通过教育活动达成人与自然、人与社会、人与他人、人与自我的和谐统一。"所以，教育学术的品格应定位在"为人而促其成，寻理而求

---

① 石中英：《"教育"概念演化的跨文化分析》，《高等师范教育研究》1997 年第 4 期。

其深，蓄志而致其远"① 上。教育学术在瞩目高远的同时，必须注意到实际的问题，才能实现上述目标。因此，教育学术其实就是人们在生活中所进行的探究活动以及由此而来的认识，它发生在具体的、变化的情境中。

基于以上分析，教育学术可被看作是教育者（包括教育研究者和实践者）在生活的践履中所进行的探究活动以及由此而来的认识。这种认识和行动对教育活动既具有宏观的指导意义，又能深入教育实践中去对遇到的问题进行解答。最为重要的是，教育学术直指人的生长发展，正因如此，教育学术才能既着眼于教育的实践，又能不断地超越实践并反观实践。

此外，还有论者在其研究中也涉及了教育学术这一概念，但与上述观点相比，这些研究中所谓的"教育学术"，更多的是在论及教育科学方法的选择、良好教育机制的建立与批判教育学术腐败时顺便牵扯到的，其内涵即教育的学术规范、要求等，② 与"学科规训制度"类似，与本文拟讨论的教育学术在意旨上差别较大，因此不再赘述。

二　教育传统

学术源流是存在于传统的，讨论教育学术，就不能不论及教育传统。从目前来看，涉及教育传统的研究较多，但多数研究仅着眼于对"教育传统"概念的定义与区别之上，并不做内容与性质上的深入探讨，且对概念本身的理解未能超出古代教育知识、经验的理解，在内涵上小于本书所理解的教育学术传统。

总体来看，在有关的研究中，"教育传统"的内涵有些混乱，这是

————————

①　孙俊三：《教育研究的境界——论教育学的学术品格与学术精神的追求》，《教育研究》2005 年第 11 期。

②　覃红霞：《论教育学术规范的重建》，《教育评论》2001 年第 1 期；宫福满：《教育科研学术规范保证机制的构建》，《河南理工大学学报》（社会科学版）2006 年第 3 期；张小敏：《英国高等教育质量保证署学术评价体系》，《中国高等教育评估》2006 年第 2 期；李尚卫、杨文淑：《构建催生教育学术成长的良好机制》，《中国高等教育》2008 年第 21 期；成方生：《教育学术腐败探源》，《教育评论》2002 年第 1 期；朱新梅：《教育腐败与学术腐败及其治理》，《教育发展研究》2004 年第 10 期；魏宏聚：《教育研究中怪现象诘问与学术腐败批判》，《教育理论与实践》2009 年第 6 期；杨玉圣：《让学术回归学术》，河南大学出版社 2005 年版。

因为，"教育传统"曾经一度与"传统教育"等同。例如，教育传统指
"在过去教育实践中形成并得以流传的具有一定特色的教育体系"，或
"教育发展史上的一个特定的教育流派"①，或教育传统即是"广义的，
泛指的传统教育，既包括中华民族几千年来的教育传统，又包括近百年
来从国外引进、消化、改造，已经变成我们的教育实践的传统"②。但
也有学者明确指出二者的区别，例如，王炳照教授指出"传统教育是指
古代的农业社会的教育，而教育传统的范围更大"③，在此理解的基础
上，陈桂生认为，教育传统中包括影响深远的传统教育，但传统教育并
不能作为我国唯一的教育传统，指出了教育传统的多元性与复杂性，拓
宽了教育传统的内涵。④ 还有学者则从对"现代教育与传统教育"研究
的视角出发，指出"关于传统教育与现代教育的研究是直指教育观念
的"⑤，认为作为事实的传统教育与作为观念的教育传统并不能等同。
就目前而言，多数论者坚持传统教育与教育传统的区别，认为教育传统
是过去教育的沉淀物，体现了特定民族的教育特色。⑥ 至于这种"沉淀
物"，有人认为是历史上形成且世代相传的，至今仍有相当影响的教育
观念或理论、教育内容、教育形式、教育方法、教育技术、教育制度等
的"总称"。⑦ 也有论者指出，教育传统就是体现在"民族教育中的民
族精神，诸如反映民族教育的基本特征、教育价值观念和教育旨趣与倾
向等"⑧。还有论者认为是"人类过去所创造的种种教育制度、教育信
仰、教育价值观和教育行为方式等构成的表意象征"⑨。

---

① 顾明远：《论教育的传统与变革》，《中国社会科学》1987 年第 4 期。

② 滕纯：《关于教育思想讨论的几个问题》，《普教研究》1987 年第 2 期。

③ 车如山、陈凤娟：《守望传统——中华教育传统座谈会综述》，《河北师范大学学报》
（教育科学版）2008 年第 5 期。

④ 陈桂生：《教育的传统与传统的教育》，《黑龙江高教研究》1987 年第 2 期。

⑤ 瞿葆奎、郑金洲：《教育基本理论研究与教育观念更新——十一届三中全会以来教育
基本理论研究引发的教育观念变革寻迹》，《华东师范大学学报》（教育科学版）1998 年第 3
期。

⑥ 胡金平：《教育传统：教育现代化无法割断的联系》，《华东师范大学学报》（教育科
学版）2001 年第 2 期。

⑦ 顾明远：《教育大词典》（增订合编本），上海教育出版社 1998 年版，第 732 页。

⑧ 丁钢：《略论教育传统与变革》，《中国教育学刊》1992 年第 2 期。

⑨ 李江源：《教育传统与教育制度创新》，《教育理论与实践》2003 年第 6 期。

本书认为，尽管传统教育与教育传统都是历史上形成的东西，但传统作为包含生命智慧的文化精神，一旦从历史中获得相对独立的形态，便开始超越历史的羁绊，积极参与到现实中来，并在现实中获得了强大的生命力。正是在这个意义上，可以说一切历史都是现代史，现在则是活着的传统。理解传统意味着理解现在和把握未来。传统教育属于过去，有着具体的客观指向，但教育传统不仅属于过去，还属于现在，更属于未来。传统虽然看起来较为抽象，但它确确实实就存在于我们的生活之中，并贯穿于我们每个人的生命历程之中，是一种活跃于现实的动态的流变体。因此，对教育传统的考察，既要与传统教育的具体史实结合起来，又要着眼于现实去探索和寻找隐藏在具体现象之后蕴藏着教育智慧的独特精神。这就要求我们要打破狭隘的、孤立的、静态的视角和思维方式，以开放的、动态的、联系的视角和思维方式去反观教育传统，而将教育学术引入考察教育传统的过程，无疑将扩宽我们反观的视角，增加思维的深刻性，有利于对教育研究的实践走向做出正确的评析。

第三节　本研究的目的和意义

第一，以传统的姿态关照现代教育理论。"在一个一切都求新求快的时代谈论传统，难免保守之讥"①，甚至会有倒退之嫌。自启蒙运动以来，与过去划清界限，强调理性选择，倡导推陈出新成为时代的主要潮流。但我们必须要认识到，传统的本质在于保存，不是任何流传下来的东西都能够成为传统，传统所保存的是生活中弥久恒新的价值与观念，它们并不会随着理性的挑选而被生活剔除，相反，理性的选择在很大程度上要受到上述因素的制约。所以，今天谈论学术传统的做法当然是要指出现代教育有悖古典精神，并非要在教育研究中掀起一股复古的风潮，全然接受过去的做法，更不是要以传统的观点取代现代的观点，

---

① 郁振华：《默会知识和学术传统》，载《当代中国：发展·安全·价值——第二届（2004 年度）上海市社会科学界学术年会文集（下）》出版社 2004 年版，第 101—113 页。

从而造成研究的后退。我们之所以重申教育的学术传统，就是希望能够以知性的真诚在熙攘和混乱的教育现实中保持一种清明温良的态度，从而摆脱各种外在形式的"癫狂"，甚至，我们就是试图通过对教育学术传统的阐发来引申教育中的"隐晦教导"，从而对现代教育理论的实践转向进行一次有益的尝试。进一步讲，我们无意于引发教育研究中的"古今之争"，当我们确立以"教育的学术传统"为依据，试图寻找教育理论的实践出路的时候，并不代表我们将"借助回忆性文化记忆的指导，把新知识的驯化作为自己的基本目的"[1]，从而使教育走上由一个中心替代另一个中心的简单复古道路。当我们试图通过挖掘教育的学术传统，展示教育的本真存在状态时，也并不代表在对现代教育的拒斥中，呼唤回归传统将成为一种走投无路下的无奈之举。在我们看来，赞赏教育的学术传统本身就是一种最强烈的现代意识，它通过追问与反思来面对当下的日常教育生活。这种追问和反思并不能被看作是普遍的怀疑主义，更不是要像后现代主义那样用不断的解构和批判来获得某种自我的认同，审视学术传统的目的在于促使我们以更加成熟的心智关心人间人事，确保得以构建出一种由教育实践本身所生发的充盈、丰富、生动且可以践行的教育理论。

第二，为教育研究寻找发展的可能空间。但凡研究，它的发生、发展离不开对事物本体的深切感受和对实践过程的有序行动，因而其总是一种"意见"的探讨和"逻辑"的表达，在此基础上，研究乃是"知"与"行"的统一、"思"与"做"的统一。教育研究终归是有关"教育"的研究，是有关人的发展与成长的研究，其重心是人自身而不是人以外的其他方面，凡能够促进人的健康发展的因素都应被纳入教育研究的视域当中。一旦教育研究脱离了"促进人的发展"这一范畴，其认识的结果必然将成为"非教育"的意见，其行动的逻辑也必然将成为"非教育"的逻辑。在今天的教育研究中，由于我们缺乏一种恰当的立场来支撑有关教育的言说，导致教育研究总是用一种决然的、斩钉截铁地方式演绎出某种不由分说地理论。这种研究既非个人体验式的意见凝

---

[1] ［美］威廉·V. 斯潘诺斯：《教育的终结》，王成兵等译，江苏人民出版社 2006 年版，第 34 页。

练，也不是按照理性的逻辑所进行的科学阐释，而是按照学科的规范进行的某种程序或模式，先入为主地对教育现象进行解说，这必然将导致教育研究"知"与"行"的分裂和"思"与"做"的离析，从而产生词不达意与不被接受的教育理论。我们认为，所有捍卫教育学科的说辞如果不能以找到新的发展空间为基础，仅仅停留在固执苍白的辩解上，终将成为杜威所说的纸上谈兵式的科学。所以，与其站在学科的框架内为教育研究寻求辩护，不如进入实践的场域为教育研究寻找新的空间，而这也恰好反映出教育实践寻找突破、敢于探险的本质属性。

第三，还原教育研究的学科真相。在教育理论发生实践转向的今天，往往由于立场的缺乏和模糊使这一转向要么成为"因为脱离了实践，所以要走向实践"式的缺钙补钙行为，要么成为一种追随其他学科旨趣的变化，为教育理论贴上时髦标签的动作。不可否认，发现问题就是发现发展的空间，教育研究与现实、生活的脱离是催生教育研究产生实践转向的直接动因，而作为一门被人们寄予厚望、综合性极强的学科，教育研究也的确需要向其他学科借鉴有益的经验，但若以此作为教育理论实践诉求的全部来源，则未免会将教育研究降格为一种专门的技术，失却了教育研究所富含的价值属性。所以，重申教育的学术传统，就是要找到教育理论生发于实践的依据所在，还原教育作为生活探究的根本属性，摆脱将教育学科视为其他学科"附属物"的现状，还教育学以"一门实践驱动的学科"[1] 的真相。

第四，防止教育研究中的极端化倾向。从实践出发，探求教育研究发展的空间，还必须明确究竟要直面"谁"的实践和直面"什么样"的实践的问题，即究竟应当怎样看待"实践"的问题。这一问题若不甚清楚，教育研究就会陷入某种"实践崇拜"的怪圈中，"很可能造成研究方式、实践策略，甚至整个研究框架和实践体系的混乱，其后果依然是对'理论与实践'关系的迷茫无知"[2]。因此，在强调从实践出发、回溯教育的学术传统的同时，还必须要警惕教育研究中神圣化、夸大实践功效的倾向，从而确立教育研究中合理的实践观。

---

[1]　李树英：《教育现象学：一门新型的教育学——访教育现象学国际大师马克斯·范梅南教授》，《开放教育研究》2005 年第 3 期。

[2]　李政涛：《论"直面教育实践"》，《上海教育科研》2006 年第 2 期。

第四节　有关研究方法的思考

考虑到研究对象的特性和研究的需要，本文的研究方法是"自内而外"式的，重点在于挖掘教育的学术传统，并以此为出发点对教育研究的发展轨迹做一简单勾勒，是一种试图通过对教育学术传统的说明与阐释引发对教育研究是否应该走向实践、如何走向实践的尝试，其目的在于为教育研究的实践转向提供理论依据。为此，在研究的过程中需要注意以下几个方面的问题。

第一，有关概念厘清的问题。本书中的教育学术传统一词不同于一般意义上的教育传统或者学科规范，在涉及有关概念的段落中，需要首先对概念做一前提批判，并在厘清概念的基础上展开论述。在此基础上，本文试图从生活的观点出发对教育的本体属性进行讨论，在讨论的过程中，将借鉴杜威、阿伦特等人的理论展开分析，并力图形成自己的分析框架。

第二，强调研究的历史意识。"历史意识就是人们的当下自我意识，过去、现在和未来以共时态的功能性联系呈现其中。包括历史事实、历史思维和历史观在内的历史知识，是学术研究者超越狭隘的个体时空、成为人类自我意识自觉承担者的知识条件，它们只有现身为研究者观看、思考、领悟和体验的精神活动方式，才能转化为历史意识。"① 本书关注教育研究的历史发展，但更注重通过对当下实践变革的分析寻找历史与现实的结合。本书将以教育学术传统的创生、发展、隐退与回归为线索，以制度化教育的出现为横截面对教育研究的历史发展进行论述，并尝试勾勒教育学术的发展历程。

第三，在关注现实的同时保持理论上的自觉与清醒。在整体行文的过程中，力争能够彻底贯彻"无立场的哲学"的思想，使教育研究摆脱以往简单地就事论事、一味地对理论进行辩护的弊端。本文在研究方

---

① 于述胜：《也谈人文社会科学研究的"历史意识"——基于教育研究的理论思考》，教育学在线（http：//epc. swu. edu. cn/article. php？aid＝3098&rid＝4）。

法上不断追问教育的"为什么"，深入地探讨教育学术传统的内容、理趣及实践意蕴的合理性，并与专业化的教育研究进行比对，在迂回、盘旋式的思维路径中获得有关认识。

第五节　本研究的基本框架

本书共分四章，分别为绪论、生活探究与教育的学术传统、制作图式与教育研究的发展和实践诉求与教育研究的学术转向。

本书的第一章为绪论。从人们寻找摆脱教育研究困境的方向、实践教育中涌现的大量优秀成果和生活体验研究所带来的启示出发，将研究的目光聚焦于教育的学术传统，并交代主要关注点、基本理论追求、研究方法和预期研究意义等。

本书的第二章为生活探究与教育的学术传统。从生活变动不安的本性出发，认为生活探究是人的基本生活状态，在生活探究的过程中，沟通的出现提升了人的主体意识，并使生活探究成为帮助人们进行自我建构的教育过程。基于此，生活探究具有丰富的教育意义，而教育则表现出强烈的生活探究属性。在生活探究与教育的互动融合中教育的学术传统得以创生。教育的学术传统是教育的本体属性，表示一种实践的意图，并帮助人们实现生活的本意目的。然而，随着制度化社会的出现，专业化的教育研究逐渐产生。专业化的教育研究的出现迎合了社会发展的需要，却改变了教育的探究属性，使教育研究成为一种需要专门而为之的教育活动，分化了教育理论与实践，产生了负面的影响。

本书的第三章为制作图式与教育研究的发展。该章借鉴政治哲学家汉娜·阿伦特的行动理论，指出在制度化社会发展的过程中，出于工作需要产生了制作图式，制作图式对行动造成了隔离，使工作成为唯一能够适应制度化社会的生活探究形式。专业化的教育研究因符合制度化教育的需要而成为一种制作图式，并试图隔离教育的学术传统，使教育研究成为为生产所需要的工具。但教育与生活同构的特性却使得专业研究始终无法真正消除教育学术传统的影响，因而，教育的学术传统与制作图式之间必然会发生挤压与冲撞，由此引发教育研究形态的更迭。形态的更迭并没有为专业化的教育研究提供合法化的机会，反而使教育研究陷入专业化的困境之中，为了摆脱此种困境，人们将学科规训制度引入教育研究，却因此陷入更大的困境。需要注意的是，尽管学科化的选择一度对教育研究造成损害，但无法真正消除教育研究中的人文传统的影响，并在今天引发了呼唤教育研究走向实践的潮流。

本书的第四章为实践诉求与教育研究的学术转向。教育研究走向实践已然成为一种既成的事实，但我们并不能因为这种现象的出现就视实践取向为教育研究的应然之路。所以，该章首先对教育研究走向实践进行前提性论证，指出实践取向并不仅仅是走进实践，更重要的是要把关怀人性，把创造丰富多彩的人生作为指导思想，以此来关照教育研究。在进行前提批判的基础上，论文从避免错误的研究倾向、超越范式转换的影响、寻找教育实践的逻辑等方面阐述了实践转向的认识论路径；从强调问题意识、重视主动深度介入、进行复杂研究等方面说明如何为研究选择恰当的方法论的问题。最后则指出，作为对教育实践变革合理性的说明，作为教育活动对现实脱离人的生长、阻碍人的发展现象的自发选择与纠偏，教育研究的实践转向不能仅停留在理论说明之上，而应当成为研究者与实践者各自扮演恰当的角色、选择合理的行动以及端正工作态度的动力，否则将失去其现实意义与价值。

第二章

生活探究与教育的学术传统

谈论生活并不是一件容易的事情，因为人们无时无刻不身在生活之中，而又无时无刻不在创造着生活，因此，生活之于人们似乎总有一种尽在掌握但却难以清晰表述的感觉。同时，生活总是人的生活，谈论生活如果不能考虑到人不同于其他动物的特殊性，生活便也不成其为生活，而仅成为一种动物的生存状态。所以，解读生活，并以生活为起点论说教育，既要考虑到生活的现实性，又要考虑到生活的不可穷尽性；既要顾及人的一般属性，又要考虑到人的本质属性。生活的目的与特点和人的存在共同赋予了教育以深刻的意义与伟大的使命，使得教育成为帮助人们探索世界、理解生命的重要途径与方式。

第一节　生活的本性与人的生活状态

一　探究作为人的基本生活状态

生活是个复杂而又含糊的概念，即便是在以"生活"作为核心概念的教育家那里，"生活"的内涵也并不清晰。如在杜威眼中，生活一直是以变化的、发展的内涵示人的。杜威在《民主主义与教育》中认为，"'生活'包括习惯、制度、信仰、胜利和失败、休闲和工作"①，在《经验与自然》中又指出，"生活是指一种技能，一种无所不包的活

---

① ［美］约翰·杜威：《民主主义与教育》，王承绪译，人民教育出版社 2001 年版，第 3 页。

动，其中包括有机体，也包括环境"①。但杜威也经常会把"生活"与"经验"等同，认为生活"既包括人们所做的、所遭遇的事情，人们所追求的、所爱的、所相信的、所忍受的事情，也包括人们怎样活动和接受活动，人们行动和遭受、意欲和享受、观察、信仰、想象的方式"②。在陶行知那里，"生活"的含义同样丰富多样，"什么叫生活？一个有生命的东西在一个环境里生生不已的就叫生活，人生就是要'活'——要'生活'"③。可见，生活的概念复杂多样，不可穷尽。有学者曾经对生活的概念从类型、实质等方面做过分析并认为，从时态上看，生活有过去生活、现实生活和未来生活之分；从需要的满足层次和创造财富的性质不同来看，生活有物质生活和精神生活之别；从是否具有"自在性"特征看，生活可分为制度生活和日常生活；从内容来看，生活可分为专业生活、职业生活和业余生活等不同类型。由此可见，生活的类型多样，表现形式具有不确定性。但同时，人的生活有其共同的本质，也有着普遍的准则，综合起来包括四个方面。首先，人始终是生活的主体，生活就是人生动态的活动过程，人作为一种高等生命的存在过程，就是生活，通过生活，人的生命价值、人生意义才能得以实现；其次，生活的核心是创造，而不是享受和消耗；再次，自然和社会是人生和生活的空间；最后，生活总是人的一种指向一定目标的有意义的由特定方式构成的能动活动。④

可以看到，尽管生活的内涵难以把握，但可以肯定的是，生活是独属于人的实践活动，除人以外，没有任何动物能够拥有生活，也没有任何动物能够像人一样如此生活。生活的事实首先是生存，这即是说，与其他动物一样，为了生命的存在和延续，人总要适应环境。人的生存环境是复杂的。第一，人的生存在时间上是一个不可逆的过程，具有一维性的特点，"人不可能两次踏入同一条河流"，"逝者如斯夫"说的就是

① [美]约翰·杜威：《杜威教育论著选》，赵祥麟、王承绪编译，华东师范大学出版社1981年版，第273页。

② 同上书，第272页。

③ 郭元祥：《生活与教育——回归生活世界的基础教育论纲》，华中师范大学出版社2002年版，第99页。

④ 同上书，第98—107页。

这个道理。正因如此，人们无法预料生存所要面对的困难和挑战，任何突发情况都有可能在下一刻发生，所以，生存还具有不确定性的特点。但正如马克思所指出的，主动选择而非被动地适应环境是人的基本属性，因此，面对环境的挑战，人选择了积极改造而非消极适应作为自己的生存态度，也正是因为如此，人的生存便具有了不同于动物生存的建设性含义，从而升格为生活。第二，生活是生存的延续，但此种延续并不单指种群的繁衍，而更多地涉及人与社会的发展，它不仅是保有生命的过程，更是一个自我更新的过程，这也就是杜威所说的生长。对生活而言，其一般目的，即保证生命的存活是可以达到的，但其整体的目的，即生活的本意目的却永远不会有结局，它只能体现在生活的过程之中，而无法最终达到。换句话说，生活永远在生长的过程之中，它的目的不在于去实现一个漂亮的大结局，对生活来说，永远没有一个目的是"应该"实现的目的，永远没有一种结局是全然完美的结局，生活的目的就在于生活本身，就在于创造并获得一种更好的可能生活。

所以，"人无法静态地生活"①，在动态变化中寻求生长发展，在冒险和探究中实现人的自我更新是人的基本生活方式，在生活的过程中，没有任何一种知识与理论能够帮助人们一劳永逸地解决各种问题，对当下问题的解决也并不意味着永绝后患，不管他愿意或者不愿意，人生在世首先遭遇到的是不可逆的过程和不可捉摸的情境，充满了各种各样的偶然性。在这个意义上，海德格尔说人是被"抛入"这个世界的，面对此种情况，人要发动自身最大的力量，才能解决生活中所遭遇到的各种问题，进而保证自身的延续。然而，生活中的问题总是新的问题，除了有限的成功经验可供借鉴外，大多数情况下问题的解决并无既定的程式可以执行，人们只能因时因地地考虑对策，或者创造可行的方式方法来加以突破，在必要的时候，甚至会无所不用其极，这即谓生活探究。生活探究的发生从根本上讲是人的应激行为的展现，因而它是不能提前准备、刻意而为之的一项活动。生活探究具有整体性和情境性的特点，而之所以会用"无所不用其极"来形容这一过程，是强调为了探究不

---

① ［美］埃利希·弗罗姆：《健全的社会》，孙恺详译，贵州人民出版社 1994 年版，第22 页。

受一切约束，打破一切约束，天马行空、大开大阖寻求各种方法的开创性，借用施特劳斯的观点，生活探究的本质是"癫狂"的，是至为真诚的一种活动，因为在这种活动中，人们所展现出来的机敏、洞察与手段不为生活以外的任何目的所桎梏，只是为了生活本身，即生活得更加美好，以获得一种普遍的、整体的"善"或"幸福"。这即是说，生活的探究行为除使人通过创造性的活动展现了自身的存在价值外，还产生了实践智慧。"实践智慧是一种与正确计划相联系并坚持正当行为的践行能力，而这种践行的对象是那些对人善或不善的事物"①，拥有实践智慧的人，就是《中庸》中所说的"可以赞天地之化育，可以与天地参亦"的人，他们将自身的行动与整个人生、社会联结起来，并以一往情深地参与和投入顾全着人生的发展和社会的建设，同时，他们并不拘泥于某种固定的套路，在面对生活问题时，他们总是能够在参与中创造性地提出解决的办法，他们是一群脚踏实地、关注人间、积极应对、敢于突破的行动者。他们用涉身的参与追逐着美好生活，生活的疆域也将因为他们主体建构式的探究而不断打破其规定性的背景，从而得到不断地拓展。因此，探究是人的基本生活状态，是人适应生活的应激方式，是人摆脱平庸、延续更新的实践手段。

二　沟通及其价值

"世界向来是我和他人共同分有的世界。此在的世界是共同世界。'在之中'就是与他人共同存在。"②人不可能生而知之，更不可能孤立生活，如果放任一个人自行其是、独自摸索，而不施以援手的话，他的生活仍然有可能延续，但这种延续必将会充满艰辛。同时，"不同他人发生关系的个人不是一个现实的人"③，人必然要与他人发生联系，而人们也总会由于共同的环境、目的、信仰、期望和知识等因素共同生活。共同生活的含义并不仅仅指生活在一起，在共同生活中，除了同舟共济，共同抵御外来的风险以外，"每个人必须了解别人在干什么，而

---

① 洪汉鼎：《诠释学——它的历史和当代发展》，人民出版社 2001 年版，第 316 页。

② ［德］马丁·海德格尔：《存在与时间》，陈嘉映、王庆节译，生活·读书·新知三联书店 1987 年版，第 146 页。

③ ［德］黑格尔：《法哲学原理》，范扬、张企泰译，商务印书馆 1961 年版，第 98 页。

且必须有办法使别人知道他自己的目的和进展情况"①，因此，人际间必须要进行意见与情感的交换，才能联系得更加紧密，实现共同的目标。此外，"生活过程的延续并不依靠任何一个个体的延长生存"，"每一个个体，作为群体的生活经验载体的每一个单位，总有一天会消灭。但是群体的生活将继续下去"②，为了社会的延续，上一代人总要把积累的人生经验传递给下一代人，所以，要生活就需要沟通。沟通是人们实现共同占有的方法，它的出现使人们的知识和情感得以分享，加深并增进了彼此的信任和理解，使得生活探究活动得以更好地进行。

　　但沟通的意义绝非仅此而已。沟通的出现不仅加深了人际间的交往，更标志着完整的、有个性的主体的形成，是人的超越意识和自我意识的展现。在沟通尚未出现之时，人的总体地位是依附性的，也就是说，没有沟通，个体无法通过相应的渠道表达自身的意愿，在与社会和自然的关系中处于被对峙、被占有的地位，此时，个体没有选择如何生活的权利，只能被动接受生活的事实，成为绝对的客体。而沟通的出现给予人以表达自身的机会和场域，这虽然不能改变生活的现实，但却使人从被对峙、被占有的位置中解放出来，成为能够与他人和世界进行平等对话的人，从而拥有了选择生活方式的权利，成为一个主体性的存在。③ 主体意识的出现使人能够改变以往被迫进行实践活动的状态，转而以积极的姿态真正投身到生活中去，生活的过程也因此成为一个主动探寻的过程，而非被动应激的过程，生活的目的也不再成为一个等待接受的结果，而成为能够主动生成的目的。在这个基础上，才有了"天行健，君子以自强不息"的说法，其强调的就是创造可能生活、追求美好未来的主动探究意识。主体意识的出现还帮助人以"求诸于己"、而非"求诸于人"的方式更好地实现了自我的建构，更因为帮助人摆脱客体

---

　　① ［美］约翰·杜威：《民主主义与教育》，王承绪译，人民教育出版社 2001 年版，第6—7 页。

　　② ［美］约翰·杜威：《民主主义与教育》，王承绪译，人民教育出版社 2001 年版，第9—10 页。

　　③ 在这里就形成了胡塞尔和哈贝马斯所说的"交互主体性"或"主体间性"。即是说，人通过自我地位的提升，摆脱了受绝对控制的客体身份，凸显了人的主体地位，并获得了与自然和他人进行平等对话的权利，从而产生了诸如自由、平等、民主等"共识"，从而为过上一种和谐的、发展的、能够自我实现的生活创造了可能。

的控制，而把人的存在提到了同原本高不可攀的自然同样的高度上，为人的发展提出了"天人合一"的人生策略。最后，主体意识地出现在肯定自我存在的同时也肯定了他人的存在，也正是在这个基础上，人们逐渐产生了诸如"敬人者人恒敬之"、"己所不欲勿施于人"、"正人先正己"等强调约束自我、尊重他人、提倡平等、崇尚自由的思想，创造并丰富了生活的内涵。

总的来说，生活的目的和特点决定了探究是人独特的生活状态。通过探究，人们展现出博大的智慧和丰富的情感，并形成了以形态多样、不拘一格的方式方法来解决生活中遇到的种种问题的生活风格，人的超越精神开始初露端倪。同时，共同生活与沟通的产生通过对世代积累的文化知识的传承实现了人的自我塑造，更提升了人的主体意识，从而改变了生活探究的性质，并由此产生了多样的人生策略与思想观念，以对生活进行更好的观照。尽管"好"生活并不会随着探究的进行而自动出现，但从过程上看，主体意识的出现使生活探究成了实现人生价值、彰显自我价值的过程；从结果上看，主体意识的提升建构出明确的目标，使生活探究为人的生长发展提供了全人生的指导，为人的进一步生长提供了可能的条件，也为培养人、塑造人、保证人的延续发展提供了必要的保障。所以，人的生活探究行动在这里就从单一的生活需要转为通过对生命意识的唤醒、精神世界的启迪、生活方式的建构，以实现人的价值生命、促进人的生长的自觉活动，展现出浓郁的人文气质，而这一探究也就成为了一个通过沟通交往帮助人实现自我建构的教育过程。

第二节　生活探究与教育的互动与融合

人的生存意志和自由意志的彰显使生活探究的过程本身就不断地改变着人的成长和发展状态，这并没有改变生活探究作为人的基本生活状态的事实，但却提升了人的成长发展的价值，使教育成为在人的生长发展过程中与生活探究活动同样重要的切身问题。因此，人要生活就不得不面对和思考教育，而进行教育也就不能不以生活为背景进行探究，生活探究与教育成为为了求得生活的延续和人的发展而"捆绑"在一起、具有复合互动性质的一个问题。

一　生活探究的教育意义

　　生活探究是人超越自我，发展延续的独特手段，而凡是能够促成人持续生长的活动即为教育，所以，在目的上，生活探究与教育是一致的，都指征于人的生长和发展。"在最广泛的意义上，教育乃是社会生活延续的工具"①，这就意味着教育至少要实现两个方面的目标，一是保全人的生命，二是促进人的生长。对前者来说，教育既可以是帮助人适应环境的方式，也可以是促成人主动改造环境的手段，对后者来说，教育既需要保护人的自然成长，又需要对人加以引导，所以，教育不仅要进行经验知识的沟通传递，为生活的延续提供基础性的保障，更要进行不断的探究，以此来寻找提升人的主体意识、促进人生长发展的恰当途径。在这个层面上，生活探究的过程具有丰富的教育意义。

　　创造文化、传递文化。文化作为人类社会精神和物质成果的总和，并不会自然地出现，而是人在社会历史的发展过程中创造出来的。文明之始，为了生存的需要，人们就已经在摸索着与自然抗争的方式，其结果便是最初意义上的文化的形成。从内容上看，原始文化直指人的生存需要，与人的生产生活密切相关；但从过程上看，它总是经由教化才得以形成，② 是人的生存智慧在生活探究中的表现。文化的出现帮助人摆脱了动物性而成为一种独特的生命存在，并使人开始共同生活。共同生

---

　　①　[美]约翰·杜威：《民主主义与教育》，王承绪译，人民教育出版社 2001 年版，第 7 页。

　　②　我国古代文献中的相关记载比比皆是。如"上古之世，人民少而禽兽众，人民不胜禽兽虫蛇，有圣人作，构本为巢以避群害，而民悦之，使王天下，号曰有巢氏。"（《韩非子·五蠹》）；"上古之世……民食果蓏蚌蛤，腥臊恶臭而伤腹胃，民多疾病。有圣人作，钻燧取火以化腥臊，而民悦之，使王天下，号之曰燧人氏。"（《韩非子·五蠹》）燧人氏"教人熟食，养人利性，避臭去毒"（《白虎通德论》）；"燧人之世，天下多水，故教民以渔"（《尸子》）；"伏羲氏之世，天下多兽，故教民以猎。"（《尸子》）；"包羲氏没，神农氏作。斫木为耜，揉木为耒，耒耨之利，以教天下。"（《周易·系辞下》）；"古之人民皆食禽兽肉。至于神农，人民众多，禽兽不足，于是神农因天之时，分地之利，制耒耜，教民农耕。"（《白虎通德论》卷一》）；"后稷教民稼穑"（《孟子·滕文公上》）和"嫘祖教民育蚕，治丝茧以供衣服"（《通鉴纲目前编·外纪》）等。

活凝聚了人的生存智慧,生活探究随之由个人的行为转为了集体行为,其广度和深度得以进一步拓宽,在让生活变得日益美好的同时,也随之产生了一些约定俗成的规范、做法和习俗,进一步丰富了文化的内涵。

文化彰显了人的价值,帮助人更好地生活,但人们并不能通过遗传的方式获得文化,文化之于人总是学而知之的。人从一个一无所知的"自然人"变为一个具有摄取鉴赏、创造文化能力的"文化人"的过程必须经由教育;人类从一个无组织无纪律的散居群体变为一个有秩序、有目标的共同体同样需要教育。所以,教育既创造文化,又传递文化,最终使人文而化之的过程成为一个不断探究与创造、用以保障人的发展和延续的过程。

另外,生活的过程瞬息万变,仅仅依靠前辈积累的文化知识,并不能完全满足生活的需要,人的超越属性也要求人们不能总是拘泥于特定的套路去理解并进行生活,每一代人都有他们自己的文化,而且重新构建着自己的文化。所以,文化还需要不断地更新生成,以更好地服务于人的生活。这就意味着,生活的过程一往无前,创造与传承文化的过程永不停歇,渗透在生活探究之中的教育随时担负着文化再创造与再传递的功能,且并不会在人生的某一个阶段消失不见,教育的文化功能濡化在生活的始终。

塑造人格、提升人性。荣格说,"文化的最后成果是人格",生活探究的文化目的就在于产生一个真正的、完整的人,如果离开了对人的关注和培养,生活探究就会失去其教育意义。

何为人格的整全以及如何实现人格的整全,是一个需要探究的问题,生活探究的教育意义表现在对完整人格的找寻之中。从古至今,人们对完人的讨论可谓不计其数,如《论语》中多次描述过的"君子"即为拥有理想人格的人①,卢梭也曾经说过:"从我的门下走出,我承认,他既不是文官,也不是武人,也不是僧侣;他首先是人:一个人应该怎样做人,他就知道怎样做人,他在紧急关头,而且不论对谁,都能

---

① 如"君子之道者三,我无能焉。仁者不忧、知者不惑、勇者不惧"(《论语·宪问》),"君子喻于义,小人喻于利"(《论语·里仁》),"君子义以为质,礼以行之,孙以出之,信以成之"(《论语·卫灵公十五》),"质胜文则野,文胜质则史。文质彬彬,然后君子"(《论语·雍也》)等。

尽到做人的本分；命运无法使他改变地位，他始终处于它的地位上"①，其强调的都是拥有全面的素质、清醒的认识，具备坚定的人生信念和言必信、行必果的人生态度，能够见贤思齐，见不贤而自省的反思能力等方面的内容。也正是因为对完人有了这样的讨论，就产生了诸如"豫时逊摩"、"愤启悱发"和苏格拉底法等强调情境、主张人的自我突破的培养策略，和"道而弗牵，强而弗抑，开而弗达"等重视引导而非灌输的谆谆告诫。生活探究之所以能够产生这些别具匠心、以尽可能地拓展人的发展空间为旨归的教育策略和方法，就是因为它始终把人的成长与发展作为关注的中心，始终将提升人性视为自身的最大目的。在此意义上，生发于生活探究的教育就表现出关注具体的生活情境，并依此选择恰当的手段和方法，在重视和发挥人的主动性与超越性的基础上，追求可能的结果而不是实现预设的前提，以促进人的持续生长等特性。进一步讲，生活探究对完美人格的追求使教育尊重人的未成熟状态，并以此作为出发点来寻求人的全面发展，所以，教育的目的就在于获得并实现更多更好的教育，以伴随着人的生长提供一种全人生的指导。

促进沟通、加强交往。"一个人应该在与其他人的联合中使自己沉入到作为历史具体的整体的世界中，以便在普遍的无家可归的状况中为自己赢得一个新家。"② 沟通与交往是帮助人克服精神世界的虚无、摆脱客体化危险的重要途径，更是生活得以延续的基础，生活探究如若不能更好地促进人的沟通与交往，将会失去其彰显人性、塑造完人的教育意义。

沟通并不是简单的意见交换，交往也并不是单纯的人际来往，沟通的过程是主体间的灵肉交流活动，是在知识传递的基础上，对生命内涵领悟的分享；交往则是主体与主体间为了增进理解而采取的行动。沟通与交往的目的并不是要在某种规范的基础之上达成一致，而是尊重并承认世界的交互主体性，并在行为主体之间进行没有任何强制性的诚实的对话和交流，来实现互相的认同，以促进共同的提高。交往关系发生的前提是相互尊重及平等，然而，个人意识的过分凸显往往使现实中的交

① ［法］卢梭：《爱弥儿》，李平沤译，商务印书馆1986年版，第13页。
② ［德］卡尔·雅斯贝尔斯：《时代的精神状况》，王德峰译，上海译文出版社1997年版，第176页。

往容易变为一种暴力的活动，即人与人之间并非以一种平等的姿态，而是以一种压迫与被压迫的关系进行交往，这种单方面的输出看似宣扬了人的主动性，实则扼制了人的自由，从而把他人变为地狱，而不是伙伴，人的精神不仅没有得到升华，反而陷入了更大的苦闷与孤单之中。所以，为了人性的彰显和健康，为了使人过上美好的生活，生活探究的一个重要任务就在于指导人们以自由和平等的思想来进行真诚的沟通和对话，以打破人与人之间统治或驯化的关系，在解放他人的同时获得自我的解放与救赎。

"如果存在的交往成为现实的话，人就能通过教育既理解他人和历史，也理解自己和现实，就不会成为别人意志的工具"①，教育是使交往真正实现的有效途径。生活探究寻找人的解放的种种努力意味着，人的生长并非是"制造"的结果，而是一个在文化的浸染和相互的学习过程中逐渐形成人格特性、生成实践能力的过程，所以要以对话的方式而非灌输方式进行教育，使之不仅成为学会对话的过程，更要成为展开对话的过程。同时，要坚持"有教无类"的做法，将他人看作主体的存在而非物般的改造对象，使教育成为发生在主体与主体之间，而非主体对客体的实践活动，教育只有建立在尊重人与他人共存的事实的基础上不断进行创造，才能最终实现人的自由发展。

总之，生活探究的教育意义贯穿在人们延续生活的各种行动之中，在此过程中，克服消极的、倒退的生活，改造与重建积极的生活，进而使人得到成长的实践即为教育，其强烈的现实性不言而喻。但需要说明的是，并非所有的生活探究活动都具有积极的教育意义，教育并不能完全被生活探究活动所取代。我们讨论生活探究的教育意义，就在于把生活视为教育的背景，把探究看作教育的本性，从一个更为广阔的视角挖掘教育的品性与特质，从而避免教育脱离生活实践，被孤立考察的错误倾向。

---

① ［德］卡尔·雅斯贝尔斯：《什么是教育》，邹进译，生活·读书·新知三联书店1991年版，第2—3页。

二　教育的生活探究属性

"熟知者不一定真知"①，尽管人人都在生活，但却未必能够认识生活，更勿论反思生活。没有认识和反思的生活不见得就是坏生活，但扭曲的认识却一定不会产生好生活。所以，一种生活的价值只有能被认识到，才拥有成为好生活的机会，正确认识生活，则是过上好生活的可能条件。同时，人总是希望过上好的生活，但好的生活并不会自动出现，为了追求美好生活，人们就必须在正确认识的基础上进行创造，这说明创造是过上好生活的必要条件。此外，人并不是生而知之的，人对生活的认识全部都来自后天习得，但后天习得的认识并不会全然促进人的生活，为了防止在后天的学习中产生扭曲的认识阻碍生活的进步，人们还需要通过批判与反思，帮助自身不断澄清思想、矫正信念。因此，人经由教育获得认识，但还需要教育反思认识，才能创造可能的生活，促进人本身的进步。

教育帮助人正确认识生活。对生活的认识可分为两类，一是对生活直观的、朴素的认识，二是将生活抽象化后形成的认识。前一种认识无涉价值，是具体的生活在人的头脑中的反映，因而是一种日常性的认识；后一种认识由于其客观见之于主观的形成路径则可能产生两种结果：（1）规律性的认识。即源于生活的事实但却高于事实的认识，具有较强的普遍性，在大多数情况下能够说明生活中的一些问题。（2）虚假的认识。这种认识源于抽象化过程中对生活的曲解，如果以这种意见指导生活，就会发生生活的异化，并造成恶性的循环，阻碍生活的延续。

正确认识生活首先需要规避的是对生活虚假的认识。之所以会产生虚假的认识，是因为人们以某一个未经正当性论证的先验观念作为认识的前提，并以此观念而不是事实得出结论，所以，这种认识并不能反映生活的真相，它仅是人们的想象在认识中的表达而已。规避虚假的认识，需要对认识的前提进行不断的澄清与批判，即以胡塞尔所谓"悬

---

① ［德］黑格尔：《精神现象学（上卷）》，贺麟、王玖兴译，商务印书馆 1997 年版，第 20 页。

置"的立场摒弃对生活的预设，从而防范生活异化的发生。

这并不是说，认识生活一定要从生活的规律出发，规律性的认识也不见得就能完全反映出生活的本来面貌。列斐伏尔认为，日常的生活才是真实的生活，它是一个融希望与现实于一体，寄真实与想象于一身的生活，"日常生活既有某种神秘性的一面，但与此同时又有根基性的肥沃的一面，它是所谓高级人类生存活动包括抽象的认知与实践的对象化等得以立足的基础"①，"日常生活不是本真的原始状态，也不是完全单调与琐碎的、异化状态的无意识黑夜，而是永远保留着生命与希望活力的，但也是处于异化状态的矛盾异质性世界，人类的幸福与希望不能诉诸日常生活之外而是日常生活之中"。② 所以，抽象化的认识并不能完全反映出生活的状况，如果过分地对生活进行抽象，不仅会歪曲生活的本意，有时甚至还会产生一种错误的、固有的思维模式，导致"不是个人拥有思想，而是思想拥有了个人而形成'脑中之轮'"③，阻碍认识的进一步发展。但由于人们对普遍性和确定性的追求，规律化的生活认识在大多数情况下引导着人们进行生活。这样做的错误有两个方面，一是对生活的线性化，忽略了生活的复杂性；二是分裂了生活，消解了生活的整体性。"人的生活，绝对不能附和于某种学说，不能强行纳置于框架之中——不论这框架构想得多么高贵。而一颗仅仅被训练来接受知识的心，无法面对生活中的种种变化与奥妙，以及生活中的深渊与峻岭。当我们依照一套思想学说，或依照某种特定的规律，来训练我们的子女，我们教他们限制在种种不同的部门内思考，便是阻止他们发展成为完整的男女。"④ 生活是一个整体，不能分解开来加以思考，这就意味着，教育必须成为一种全方位的培养而非单方面的制造，要注重人的全面协调发展而不是某一个方面的单独发展，教育要给予人以整体的视角

---

① 刘怀玉：《现代性的平庸与神奇——列斐伏尔日常生活批判哲学的文本学解读》，中央编译出版社 2006 年版，第 27 页。

② 同上书，第 29 页。

③ ［美］乔尔·斯普林格：《脑中之轮——教育哲学导论》，贾晨阳译，北京大学出版社2004 年版，献辞与标题说明第 1 页。

④ ［印］克里希那穆提：《一生的学习》，张南星译，深圳报业集团出版社 2010 年版，第36 页。

和批判的姿态审视生活、认识生活，因为如果人一旦失去自我意识与批判意识，就必然会陷入随波逐流、浑浑噩噩的生活状态之中，① 而此种生活也将因为失去人的主动参与和改造，变成与动物生存区别不大的活动。所以，孔子才一再告诫学生"君子之于天下也，无适也，无莫也，义之与比"（论语·里仁）②，并要求采取"毋意、毋必、毋固、毋我"的态度处理面对的问题，指的就是既不采取全盘接受的态度，也不固执己见，而是保持冷静的认识和不间断的反思投身日常生活，成为一个自由的人。自由的人并不是摆脱凡世间所有约束的人，人也不可能跳出现实之外。自由的人不过是一个能够洞察自身存在状态的人，他既能够摆脱低俗的污染，更能够抵御高贵的诱惑，他就是一个平凡的人，一个日常的、具体的、真实的人。教育的生活探究意义就在于以培养和形成正确认识的方式，帮助人谨守生活的立场，采取批判的姿态积极投身生活、参与生活，不断地创造出美好的生活。

教育帮助人追求美好生活。生活的问题不仅是一个认识的问题，更是一个行动的问题，教育之于生活的价值不仅在于帮助人们正确地认识生活，还在于创造并实现美好生活。美好生活是人的能力可以实现的生活，但却不是给定的生活，因为任何为生活预设的目的都不会超过生活本身的边界，"生活目的不是某种结局而是生活本身那种具有无限容纳力的意义"③；美好生活是可能的生活，但也不是某一种可能的生活，因为无法选择的生活大大降低了出现好生活的概率，所以，美好生活是所有可能生活的总和。对个人来说，同时占有所有的生活类型是不可能的，但他却可以以创造和选择的方式过不同的生活，因而美好生活并不是非日常的、单一的生活类型，它就在每个人选择生活、延续生活的具体过程之中。

---

① 如马尔库塞批判的单向度的人，就是由于工业化时代对教育的片面化而产生的。这种人并没有丰富的情感和强烈的自我探究精神，因而沦为大机器生产的工具。保罗·弗罗雷在《被压迫者教育学》中也表达过类似的看法，他指出，被压迫者由于教育的异化反而在某些场合认同并加强了自身的被压迫，是一种缺乏主体性和探究性的人。

② 这句话的意思是：君子对于天下的事情，没规定要怎样干，也没规定不要怎样干，只要怎样干合理恰当，便怎样干。（杨伯峻译注：《论语译注》，中华书局1980年版，第37页。）

③ 赵汀阳：《论可能生活》，中国人民大学出版社2004年版，第15页。

　　教育担负着适应和延续生活的责任，在这个意义上，教育是帮助人实现美好生活的手段，但如果仅进行职业的培训与知识技术的传授，人并不能经由教育进行更多的生活尝试，因而，教育的过程并不仅仅是使人接受知识，为现实生活进行准备的过程，"教育的最终目的不是传授已有的东西，而是要把人的创造力诱导出来，将生命感、价值感唤醒"①　并激发人的潜能，使之有能力选择并变更自己的生活方式，从而在创造与冒险中延续生活。基于此，教育既不能完全以思辨的方式解释生活、颐指气使地按照想象改造生活，也不能完全采取科学的方式对生活加以分解，割裂生活的完整性。教育之于美好生活的意义就在于，教育并不能直接实现美好生活，但教育却可以保持人在日常生活中的冒险与探究状态，保护他们对于生活的兴趣，并"赠予我们对美好事物的经历"②，帮助人长久地处在实现美好生活的过程之中。也只有在不断追求美好生活的过程之中，人才能体验各种生活而不是一种或某几种生活，人的智慧才能得到最大程度的发挥与运用。所以，教与学都是幸福的事情。孟子曾经把"得天下英才而教育之"视为人生三乐之一，而孔子也曾经发出过"朝闻道夕死可矣"的感慨，就是因为教育能够帮助人们感受幸福，而他们"诲人不倦"的实际行动，事实上也就保证了他们自己的幸福生活的延续。

　　美好生活并不是大同的生活，制式化的生活并没有好坏之分，教育要追求美好生活，就要促使每个人都展开积极的生活探究活动。积极的态度出自自愿，而非强迫。若要使人在探究中全情投入，欲罢不能，就要针对每个人的性格特点"因材施教"，激发他们的生活兴趣，进而采取引导的方式让每个人都能以积极的姿态参与到探究的过程中去，从而在彰显个性色彩的探险中创造出五彩缤纷的生活类型。同时，美好生活在日常生活之中，而不在日常生活之外，要过上美好生活，教育必须要回到永远保留希望与活力，但也充满异化冲突的日常生活之中。认识到这一点，教育就不能是象牙塔中阳春白雪式、无涉凡人生活的指手画脚，而应当是具备足够的勇气走入日常生活，拥有足够的担当开拓日常

---

　　①　邹进：《现代德国文化教育学》，山西教育出版社1993年版，第73页。
　　②　[美] 列奥·施特劳斯：《什么是自由教育》，转引自刘小枫、陈少明主编《古典传统与自由教育》，华夏出版社2005年版，第8页。

生活，以身体力行的姿态关怀人间世事的实践活动。

　　总之，在同一目的下，生活探究与教育不得不互相支撑或"共轭"地互为基础，而如果不把二者放在一起来思考的话，就只能产生残缺的生活，更勿论人的成长和发展。于是，生活探究的问题必定将走到教育问题上，而教育问题又不得不被考虑成生活探究问题，若要准备有效地分析教育问题，就不得不在生活探究的立场上去理解教育为什么是这样做而不是那样做，如果只是单一地就教育而论教育，那么将只能形成无涉生活的理论而非针对人的生长的实践。

第三节　　教育学术传统的创生与内涵

一　教育的冒险特性

　　与生活探究的同构使教育充满了冒险的元素。这是因为，作为以对话和交往促进人与人之间更好地进行沟通和理解的活动，教育中不存在最完美的计划和方案，面对生活的变动不居与人生的无限可能，教育就是以探究的方式对生活进行"不断改组、不断改造和不断转化的过程"①。现实中，出于制度化社会强调秩序和稳定，追求生产与效率的目的，为了使教育成为促进社会生产的工具，人们会按照前期设定的路线"有目的、有计划"地进行教育，但在实际操作中生活探究的本性使教育行动并不会完全依照计划线性运行，而往往会根据情况的变化发生偏移，甚至离开预定路线和方向。所以，"在大部分情况下，教育是偶然机遇和预料之外的事件的结果。因此，在某种意义上来说，它也只能是一次冒险"②。这种冒险性使任何一种前期准备充分、计划详细周密的教育研究活动都无法应对千变万化的情境，其产生的结果便是，每一次的教育行动都成为一次尝试与选择的过程，每一次的教育实践都将

---

　　①　［美］约翰·杜威：《民主主义与教育》，王承绪译，人民教育出版社 2001 年版，第 58 页。

　　②　曾水兵：《教育：一个"冒险"的旅程——基于"人"存在的非确定性之思考》，《教育理论与实践》2011 年第 8 期。

生成一种新的可能，这种冒险特性使教育的意义只能存在于具体的情景中，这决定了教育是具体的而非抽象的实践活动。因此，试图做到一劳永逸式的教育研究和为教育设定绝对目的的做法均会封杀可能的结果，将教育带入死胡同中去。只有立足于生活探究的本性，教育才能够实现全人生的指导。

教育的冒险特性使教育会出现多种可能的结果，换句话说，以探究的形式促进人成长与发展的过程并不会一帆风顺，人们在如何进行教育的问题上遭遇挫折，从而无所适从甚至一筹莫展的情况随时都有可能发生；教育也不总是会呈现出符合人们心意的结果，南辕北辙的现象在教育中也比比皆是。所以，教育可能会是卢梭所宣扬的那样温馨感人并充满诗情画意的场景，但也有可能会采取强制灌输甚至暴力压迫的方式；教育的结果也并不都会产生柏拉图式的理想国，法西斯式的专制社会也可能会在教育中出现。而为了规避上述风险，更为了满足社会发展的需要，人们往往会外在地为教育制定规划并设定目标，人为地为教育设计路线，以便在最大程度上降低教育的冒险特性所带来的危险。这样做的结果在一定程度上会"制造"出人们想要的教育，但以个人的或社会的价值偏好为教育规定结果毕竟不符合教育寻求一切可能的探究本性，所以千变万化的生活情境经常会打乱人们的计划，甚至使教育行为产生事与愿违的结果。正因如此，现代社会中，受功利主义的影响，填鸭式的教育才会大行其道，使教育越来越远离生活，更禁锢了人的生长与发展。

承认教育的冒险特性就意味着要承认，在一定程度上人为的因素并不能改变教育的结果，这并不是说人的主观努力在教育的过程中无法发挥作用，而是因为教育与生活探究同构、天然地拒斥一切阻碍探究发生的因素。所以，教育总会在其探究本性的驱使下进行一些出乎意料的选择，进而生成意想不到的结果，这种现象尤其在教育遭受外在力量压制的时代（如中世纪）更为明显。这表明，生活探究作为教育的内在诉求，并不会随着任何价值倾向的介入而发生改变，教育具有独立于社会文化的特点。在探究本能的驱使下，教育一直保持着对整个人生的关照，并总会产生一些不符合流行的价值观念但却能够保证人的生长发展的教育行动，具有"既顺世而生又异世而立"① 与以人为本的学术特性。

"德也者，得于身也。故曰：古之学术道者，将以得身也。"② "学术"强调"道"和"身"两个方面的内容。"道"为求知，"身"为修身，学术研究既是从事知识与思想的创造性探索的活动，还担当着社会的道德规范、意义模式、生活方式等的建构与阐释的使命，更解释着人的意义与价值、社会理想以及人际交往的规则，它是一种人类寻求自我独立、寻求自我突破的方式和手段。从此目的出发，重视生命成长、追求人生发展的教育活动应被视为一种学术研究活动。正如美国学者厄内斯特·博耶所说，"不错，学术意味着从事基础研究，但一个学者的工作还意味着走出单纯的问题研究，寻求问题间的相互联系，在理论与实践之间建立桥梁，并把自己的知识有效地传授给学生"③，教育不仅仅要寻找关于人生学问及其治学之道，在更高的层面上，教育者通过身体力行实现教育理想，践行教育信仰的实践活动本身就是学术研究。在这个意义上，教育研究秉持生活探究的本色，以创新、探索为目的，直面问题解决与实践推进，并不遵循固定的套路与程式，更不会脱离促进人的生长发展的终极目的，是把教育同全部人生和社会问题放在一起加以考虑，并随着教育活动中所遇到的问题创造性地寻求策略与方法的学术研究，实践智慧是其不可或缺的要素。这种研究对于教育问题的把握超出了知识层面而深入社会、心理等更深层次，提升了人们对人生、命运等问题的认识，彰显了人的主体意识。这一条轨迹是教育实践活动的内在生命力所在，有别于其他学科。从价值目标上看，其他学科都有鲜明的向外拓展和理性化的特征，而教育实践活动则是围绕着人自身的成长和人的精神世界的塑造展开的，路径的差异决定了其方式与手段的不同。现实中涌现的诸多优秀的教育案例，并不是由专门从事教育理论研究者预设于书斋之中，而是具有强烈的"草根"性，其所体现的就是教育的本质内涵，而教育的学术传统也蕴藏于其中。

二　教育学术传统的创生

在绵延不息的生活中，教育成为以全部生活为背景、寻找人的延续更新的探究活动，生活探究成为激发人的潜能，促进人的发展的教育活动。尽管生活的本性并未因二者的交错互动、融合统一而发生改变，但教育的价值和功能却得到了极大的提升，并成为人独特的生活状态与生活方式。在生活强大的吸纳力下，生活探究与教育的互动融合使教育不可能脱离实践独自沉思，更不可能站在生活之外袖手旁观，教育必须要化为具体的探究行动来参与生活、建设生活。所以，与生活同构的特质并没有单独留给教育以"思"或"看"的空间，所有有关教育的思考和观察都必须在践行的过程之中进行，尽管在行动之外仍然存在思辨性质的教育研究，但从本质上说，教育的行动先于思考，教育首先是一个充斥着大量非理性元素的冒险过程。与此同时，这种冒险的历程仍旧从属于生活探究，因而无论如何教育不能以破坏生活延续为代价，所以在冒险的过程中教育仍然需要进行相应的选择。但实践的紧迫性不可能任由教育进行事先的规划，教育研究就只能在现实的可能性中寻找行动的路径，[①] 为此，教育不仅需要面对变化发展的个别事物并洞察良机，机智灵活地寻找符合此情此景的问题解决策略，更需要促使生成多种可能的生活而不是一种生活，以防范出现无可选择的结果，从而陷入绝境。因而，教育并不像生产或者制作那样有既定的规约可供遵守，它只能以实践智慧的方式进行持续的探究。

在持续的探究中，教育逐渐形成一种以践行而不是命题，能够在具体的实践中得心应手但却口不能言的行为方式，这种行为方式不是约定俗成的习俗、做法，因为它并不是生活经验的总结，更不是由于共同行动而产生的潜在规范；这种行为方式也不是明确的知识，因为生活的情

---

① 布迪厄把紧迫性视为实践的基本特性之一，他曾经谈道："实践在时间之中展现，并具有诸如不可逆性这样的全部相关属性，而这是共时化所摧毁的。实践的时间结构，亦即其节奏、速度，概而言之也就是其方向性，构成实践的意义。"这即是说，实践总是处在当下时间之中的实践，并且，实践还负载着过去，并指向未来，因此，它不可能遵循理论家所设想的那种逻辑，也常常不可能按照行动者事先的规划去行事，因为千变万化的制约因素总是迫使行动者不是按照理论可能性而是根据现实可能性对行为路径或行动模式做出选择。

境变更使得既定的知识毫无用武之地，它就是一种来源于教育与生活的融合与适应而产生的探究倾向，并以指导教育"这样做"的形式传承。我们可以将这种倾向看成是一种探究的传统，但这种传统"不说明人们相传什么，相传之物的特定组合如何，或者它是一种物质实体还是一种文化建构；它也不说明它已被相传多久，以何种方式相传，是口头的还是书面的。人们在创造、描述和接受它时进行理性思考，但是，他们在何种程度上进行理性思考与它是否传统毫不相干"。① 这种传统泛化在生活之中，当教育的目的符合生活需要的时候，它内化于行动的规范并不发生效力妨碍探究的进行，而一旦教育背离了生活探究的初衷，成为阻碍人的生长与降低生活可能性的行动时，这种传统将以实践智慧的方式出现，并通过促进人的感悟和反思改变具体的行动。也就是说，在教育过程中，人们通过理性的审视能够发现这种传统的存在，但它对于教育实践的影响却并不会因为理性的介入而有所削弱，② 它看似"给定"了教育实践的方向，但在引导教育"这样做"的过程中却以不断否定、不断超越的形式使教育处在不断的自我建构之中。③ 正因如此，这种传统并没有固定的、规范的表达方式，且在不同的时空场合中更以不同的面孔出现，但其生活探究的本性与"关注人生的'学术性'"④ 并不会因形态的更迭产生动摇。基于此，更为了与现代学术规范相区别，我们称上述教育实践的行为倾向为"教育的学术传统"。

　　教育的学术传统是教育的一种原生态属性，富含情感和智慧的元素，它并不是一种物质实体或者文化建构，也并不以书面的或口头的方式相传，它存身于教育实践之中，人们在进行教育活动的过程中也许没

---

　　① ［美］爱德华·希尔斯：《论传统》，傅铿、吕乐译，上海人民出版社 2009 年版，第 12 页。

　　② 这也正好反映出为什么教育实践的变革并不总会按照理论的规划而发生变化，而理论的预期总是不能够满足实践的要求。

　　③ 这一点可以从杜威的观点中得到印证。杜威说："教育的过程，在它自身之外没有目的；它就是它自己的目的。教育的过程是一个不断改组、不断改造和不断转化的过程"，"除了更多的教育，没有别的东西是教育所从属的"（［美］约翰·杜威：《民主主义与教育》，王承绪译，人民教育出版社 2001 年版，第 58—59 页），其强调的就是教育不满足于既定的规划，而不断寻求自我突破的学术本性。

　　④ 刘旭东、吴原：《教育研究的传统与科学化》，《教育研究》2011 年第 4 期。

有意识到这种传统的存在，因而在描述和接受它时会进行理性的思考，但教育的学术传统却并不会因为理性的思考而更改自身的性质，且总会在理性之外发挥自身的影响力。所以，教育的学术传统也可被看作是由教育的本体诉求所驱使而形成的实践意图，它的存在和发展必然在一定程度上受到不同习俗和时空变迁的影响，但基于对美好生活和塑造完人的追求，教育的学术传统始终能够在复杂的环境中为人们更好地生活提供一种清明的态度和审慎的立场，并给予他们以大无畏的勇气超越现有规范进行探究，因而教育实践也总是能够在山穷水尽之际发生一些意想不到的惊喜，并在趋于危险的时候脱离庸俗。教育的学术传统是教育能够在纷杂的现实中保持自身独立性的关键所在。作为教育的原生态属性，教育的学术传统反映出人们希望能够以自身的成长与过一种美好生活的愿望来引导和进行教育活动的决心，这种决心虽然源自于人的主观愿望，但却根深蒂固地存在于任何形式的教育活动之中，也就是说，历史上对教育活动所进行的一切改造活动都是从此目的出发的，都未能摆脱教育学术传统的影响。但目的并不能决定结果，改造活动是否能够达到预期效果并不由目的决定，教育活动在它的历史发展过程中往往由于其他价值的介入而最终产生与目的相反的结果，从而掩盖了初衷，甚至篡改了教育学术传统的基本诉求。

三 教育学术传统的核心诉求

教育指向真实的人而不是抽象的人。教育并不会凭空发生，从过程来看，教育需要人作为行动的主体，从结果上看，教育需要通过人的生长变化来证明自身的价值，所以，人既是教育的彰显者，又是教育的受益者，没有人的教育不可能存在。得出这一认识轻松平常，但需要指出的是，育人为本是教育的基本出发点，却并不构成教育的学术传统。作为一种行动的倾向，教育的学术传统在于使一个真实的人参与到探究之中，从而保证教育实实在在地发生，并为生活的进行留下可能的空间，而不是让想象的、抽象的人控制实践的行进，最终把教育沦为一种纸上谈兵式的空谈，从而终结生活的发展。

出于对美好的向往，东西方先贤曾以"圣人"、"哲学王"等理想人格描述一个完美无缺的人，在文化的传递过程中，这些理想人格则被内化为教育的文化目的，并产生了丰富多样、弥久愈香的教育思想。我们必须承认，完人的追求使教育仰望苍穹、意境深远，但在具体的实践过程中，如果以教育的文化目的取代教育的生活目的，以抽象的人取代真实的人，就很容易造成以想象的行动取代现实的探究，以理论的实践取代实践的行动，最终使人沦为生活的客体而不是生活的主体，非但不能实现人的进步，还可能会阻碍人的发展。

　　所以，在具体的操作中，教育并不是只有"圣人"才能进行神圣活动，平常人的日常行动中就蕴含着教育的意味，"三人行必有我师"讲的就是这个道理。为了使教育发生而专门进行的研究活动虽能够生产出具有教育性质的行为，但此种教育活动毕竟带有人为制作的痕迹而容易与个人偏好混同，从而使人们无法在"需要思考的教育"与"需要坚持的教育"之间做出选择，并以理想的教育替代了现实的教育，造成教育理论与实践的对立与断裂。从目的上讲，教育也不是要培养超凡脱俗的人，它要培养的就是一个能够"格物、致知、诚意、正心、修身、齐家"，脚踏实地、亲身躬行的普通人，他"是理性和无理性的、既能节制又会过激的存在；受制于强烈的和不稳定的情感，他微笑、欢笑、哭泣，但也知道进行客观的认识；这是一个认真和精于算计的存在，但也是忧虑的、恐慌得到、享乐的、陶醉的、痴迷的存在。这是一个暴烈的和温存的、爱情的和仇恨的存在。这是一个被想象的事物所充满的、但是又能认清现实的存在。他知道死亡，但又不能相信它；他产生神话和巫术，但也产生科学和哲学。他被神祇和观念所占有，但是又怀疑神祇和批评观念。他既用被验证的知识，又用幻觉和奇想滋养自己"①，这种人就是一个处在具体情况之中的人，是实实在在"活着"的人，他一方面在接受现实，但同时也在不断探索，并通过对世界采取的行动和反思将自身和世界联系起来从而投身到解放自身的事业中去。所以，教育中的人"不是一种'本质先定'的'现成性存在'，而是一种'动态发展'的'生成性存在'"②，不是一个在想象中被赋予了所有优点而天生完美的人，而是一个生活在当下，并能够觉察到自身所处的境况而采

――――――――――

　　① ［法］莫兰：《复杂性理论与教育》，陈一壮译，北京大学出版社 2004 年版，第 45 页。
　　② 王坤庆、岳伟：《生成性存在：当代教育的一种人学探寻》，《华东师范大学学报》（教育科学版）2010 年第 4 期。

取应对措施的人，教育只有指向真实的人而不是抽象的人才能摆脱神圣化的危险，成为一种旨在促进人自我建构生成的实践活动。同时，真实的人并非全知全觉，甚至还会有许多缺点，但正因为这样，他才能活在当下，教育才能够在帮助他完善自我的同时创造出无限的可能，使他最终达到"治国、平天下"的理想境界。

教育指向真实的人而不是抽象的人的学术传统反映出教育的现实性的一面，在此传统下，教育能够脱掉一切理论外衣，以胡塞尔所谓"面向实事本身"的态度造就活生生的、而不是理论化的人。这种诉求使教育能够站在实践和生活的立场上，拒绝一切"看起来很美"但却并不真实的诱惑，时刻参与到人的生长过程之中并远离好高骛远、不切实际的想法，从而让人真正地栖居在大地上。

教育面对整体生活而不是部分生活。探究需要从深度和广度两个方面齐头并进，才能满足生活的超越本性，仅仅关注深度的探究活动会将一种生活推进到极致，也能在纵深的过程中发现极其丰富的内涵，但由于缺少对四周的关注降低了生成其他生活的可能性，难以满足人的生长延续的需要。对人而言，他不仅需要透彻的认识，更需要丰富的生活来组成绚烂多彩的人生。如果以失去获得各种情感体验、内心领悟以及人生阅历的机会为代价来换取透彻但却单一的认识，将会大大降低人的存在意义和价值。

但在现实的教育中，出于功利目的，人们往往容易把某一种生活作为探究的对象，并将自己限定在一定的范围之内。这样做一方面是迫于"吾生也有涯，而知也无涯"的客观条件下的一种无奈选择，另一方面也是为了现实生存的需要（因为并不是所有的生活知识都能服务于当下的实际情况），所以这种教育有其必要性的一面。但我们需要认识到，现实的教育不可能超越时空满足人的全部生长需要，这并不妨碍教育以整体生活视为自己发生的背景，以预留探究的空间，从而为人提供尽可能多的选择。正是在这个意义上，庄子在《养生主》中虽然以"以有涯随无涯，殆已"的感慨开篇，但在文末却以充满希望的语气指出："指穷于为薪，火传也，不知其尽也"，意思是，"点完一烛薪又接着一烛薪，故一烛薪被点尽了，而火还可以传下去，没有尽期"①，这给我们的启示是，教育并不因为现实的局限而放弃生活探究实现美好生活的理想，教育永远从整体生活出发，从而保留着希望的火种。这就是教育追求生活意义、寻求人的持续发展的学术传统，反映出教育的理想性，所以施特劳斯在论及自由教育时说："对成人的自由教育并不只是一种正义行为……成人的自由教育也必须是对另一种教育的缺陷的补偿……"② 现实教育并不能引导人经历全部生活，但却希望能够以整体的生活作为自身发生的背景，从而尽可能多地给人以弥补，尽可能多地保留并扩大人的选择权利。③

关注整体生活的学术传统反映出教育作为生活探究不满足于现实条件的束缚，在人的自由意志和超越本性的引导下寻求开拓更多生活疆域的超越本性。因此，它提倡教育以复杂的视角而不是单一的视角，以超越的视角而不是适应的视角面对生活，这就要求教育要注重整体的理解和体验，而不是对生活进行技术化的拆解和分析。需要指出的是，强调理解和体验并不是要取消技术在教育中的运用，客观地讲，教育中技术的合理运用能大幅度地提高教育生产的效率，规范教育活动的流程，并使得教育在一定程度上适应生活的变化，但如果将教育全盘技术（工具）化，必将消解教育的人文意蕴和精神内涵，使教育沦落为可被拆分的规范和流程，失却它的价值性。现代社会中，受功利主义的影响，教育的工具化趋势日益明显，在推动现实社会发展的同时限制了教育的视域，消解了教育的人文理想和价值情怀，面对这种情况，有学者指出，"缺少理想的教育可能是高效的，但必然是平庸的"④。高效率的教育或许可以推动物质领域的进步，但平庸的教育绝不能承载人类对美好生活的向往，教育要使人过上完整的生活，就必须通过理解的方式促进对话，而不是以技术化的程序进行知识的灌输。

---

① 曹础基：《庄子浅注》，中华书局 2007 年版，第 38 页。

② ［美］列奥·施特劳斯：《自由教育与责任》，转引自刘小枫、陈少明主编《古典传统与自由教育》，华夏出版社 2005 年版，第 24 页。

③ 这就是为什么功利化的教育带给人以巨大的成就的同时，人们仍然希望能够获得精神的富足，并不断通过反思与批判试图重新挖掘古典教育精神的原因。

④ 刘铁芳：《教育的走向与现代教育的反思（下）》，《教育理论与实践》1998 年第 6 期。

强调教育的学术传统与规范技术的区别，并不是要把一切技术的、规范的因素排斥在教育活动之外，更不是要取消一切运用于教育活动之中的技术手段，而是要指出二者在目的、诉求上的不同。技术是达成目的的手段，凡一切能够为促进人的成长与发展的技术方法都应被运用于教育活动中，这正是教育学术传统关注生活的诉求之一。①

四 教育学术传统的现实意义

同专业化的教育研究所生产的研究规范相比，教育的学术传统更多地表现为一种行动的诉求而非既定的做法，它并不寻求模式化的问题解决方法，因为"完善之外还有完善，一切完善的实现都是有限的，没有哪个完善是一切完善的极致"②，再完美的方案也不能完全满足生活的无常变化。这并不代表教育的学术传统将把探究带入毫无头绪的试误中去，经过实践检验而被证明为有效的经验方法仍会被推行开来，以帮助现实的教育以有效的方式进行，这也并不会改变教育探究寻求更为合理的方法去解决具体问题的价值诉求，一旦实践的需要发生改变，再好的方法也将被重新审视。即是说，教育学术传统将引导教育从生活问题出发来选择方法，而非用现成的方法去改造生活。这就保证了生活作为教育发生的背景，从而使教育既不至于成为脱离生活的乌托邦式的幻想，又不至于沦为仅着眼于现实功利目的的工具，保持了教育作为真诚而又严肃地促进人持续生长的实践活动性质。

实现教育行动的开创性。基于教育的冒险属性，教育行动中没有完全重复的案例可以进行借鉴，更不可能按照事先规划好的轨道进行构建，所有为教育实践活动预设的结果都有可能不会成为真正的结果，所有的一切都发生在勇往直前的探索之中。这即是说，教育必须要以即时的应激与调整作为整个实践活动的常态，并随时根据情境的变化选择恰当的方式创造性地采取行动，以实现持续性的发展状态。正因如此，教育活动首先是持续不断的探究活动，因为生活的绵延不可能留给教育以

---

① 如北京师范大学何克抗教授在宁夏永宁县所进行的跨越式教改实验就充分证明这一点。在他主持的教改试验中，充分利用了现代信息技术，极大地激发了学生的学习兴趣，提升了教育质量，激发起了师生的内在动力，赋予了课堂教学丰富的内涵和强大的活力。

② [英] 怀特海：《观念的冒险》，周邦宪译，贵州人民出版社 2000 年版，第 325 页。

止步思考或查阅资料来获取行动方案的时间。教育中尽管会出现一些"摸着石头过河"的做法，但这种无畏的尝试却恰恰反映出在其学术传统的驱使下，教育突破一切、大开大阖寻求生活延续和人的生长的开创性。当然，强调教育行动的开创性并不能以否定前期的知识准备为基础，我们不能因为教育具有此种探险精神就义无反顾随心所欲地进行各种"瞎猫抓住死老鼠"的实验，知识的准备与理论的论证在实践活动中仍然具备相当的重要性与合理性，但需要指出的是，教育的学术传统强调绝不能因为囿于理论的逻辑而漠视实践的逻辑，更不能因为理论的实践之成功而忽视实践的实践之进行。

决定教育方法的多样性。生活本身的变动不居决定了教育问题以多样化的形态存在，所以教育并不能拘泥于某种单一的方式方法去研究问题，更不去寻求对问题一劳永逸式的解决方式，以开放的姿态寻求美好生活的教育容纳所有可能解决现实问题的教育方法。基于此，教育研究的方法是情景化的而不是普遍化的，教学的方法是个性化的而不是整体化的。在不同的情境下，对同一问题的解决也可能会使用到不同的方法，"我们不可能用探测物理事物的本性的方法来发现人的本性"①，同样，我们也不可能用哲学思辨的方法来解决所有的实践问题。教育研究中，方法永远为问题服务，能够恰当解决问题的方法才是好的方法，但不一定就是最大的方法，使用方法的目的是为了更好地促进交流，而拥有问题意识则是灵活使用方法的基础。正因如此，出现了多少种新的方法能够在一定程度上反映出教育研究活动的成熟与否，却不能将新方法的出现看作教育研究的终结；使用了多少种新的方法是反映教育研究深入与否的指标之一，但并不能够成为衡量实践成功与否的绝对标准。同时，教育者只有根据对象的需要和特点选择合适的方法，在"愤启悱发"或苏格拉底式的引导下催生其达到"心求通而未得之意，口欲言而未能之貌"的状态时加以指点，才能促使教育对象生成真切的探究愿望，从而不至于对人的生长发展造成障碍。相对于今天教育实践领域中对各种新方法的盲目推崇和使用，重申教育的学术传统，强调教育教学方法的多样性，打破单一的教育方式，坚持方法选择时的多样性和情境

---

① ［德］恩斯特·卡西尔：《人论》，甘阳译，上海译文出版社1985年版，第8页。

性，才能真正帮助现实教育理论的发展和进步。

保证教育形式的复杂性。以开创的姿态寻求多样的问题解决方法使教育呈现出开放的而不是封闭的结构，这就决定了现实中的教育形式必然是复杂的而不是单调的，只有复杂化的教育形式才能符合教育学术传统的内在诉求。出于生活探究的核心目的，在复杂多样的教育形式中，并不存在绝对主要的教育，也不存在一种教育对另一种教育的吞噬，各种形式的教育以"平等的首席"的方式共存于生活中以谋求生活的延续。因此，对人而言，进行与接受教育的方式多种多样并能够相互穿插，教育因而能以立体的而不是平面的方式展现出来。这就是说，教育对人的关注是全方位的，它不仅是一种纵向的延展，更是一种横向的渗透，它不仅延伸在从摇篮到坟墓的过程中帮助人改造生活，更致力于从身心全面发展的角度培养完整的人。教育也并不是非要以正规的、直接的方式出现，草根式的、间接的教育形式同样在生活更新的过程中担当重要的职责。当然，我们需要承认"没有正规的教育，不可能传递一个复杂社会的一切资源"，但同时，我们也要清醒地认识到，以树立正规教育的权威的方式取消其他形式的教育，全然地"从间接的教育转到正规的教育，有着明显的危险"[①]，因为这势必将消解教育的探究本性，从而降低了生活的可能，造成对人的发展的压抑与阻碍。

第四节　制度化教育的出现及其影响

生活的延展与人的生长是教育产生的根本原因，更创生出教育的学术传统，从而使教育以相对独立的姿态介入生活的建构之中。在这里，并不存在专门化的教育形态，各种形态的教育均以积极的方式共同实现对生活的探究。同时，随着社会发展进入制度化阶段，人们越来越需要建立起一种能够为社会发展提供强有力帮助的教育制度，为了达到这一目标，人们在教育实践过程中积累的经验与做法逐渐变为用于指导教育

[①] ［美］约翰·杜威：《民主主义与教育》，王承绪译，人民教育出版社 2001 年版，第13 页。

活动开展的规范与习惯，从而导致在教育活动中，体制化的目标逐渐掩盖了人性的需要，由是，强调秩序、重视社会生产的制度化教育随之而生。制度化的教育是人理性选择的产物，它的出现保证了生活按照人们的选择方向更好地延续和发展。然而，由于它对既定规范的过分遵循和强调，导致教育研究中饱含情感与智慧的冒险属性逐渐消解，成为单调的以一种教育定义一种生活的探究形式。对这种教育来说，其目标是明确的，因而，其所要创造的生活也是固定的；其方式是现成的，因而，它所导向的生活将会是已有的。更重要的是，制度化的教育由于和其他教育争夺社会资源、并借此来壮大自身实力、进而扩大自身权威和影响的扩张本性，将使得此种教育成为唯一的并且吞噬其他教育形式的产物，这就造成了生活探究方式的单一与固化，消解了人的主动性，从而遏制了教育生成其他结果的可能。

一　制度化教育的出现

制度化的出现是人类社会生活发展的必然结果，是一种"明确的社会特征或社会状态"①，它的出现标志着人类摆脱低效率的探究，寻求以更为高效、简洁的方式改造生活的开始。以美国社会学家伯格为代表的学派把制度的生成与运作理解为一个"习惯化—制度化—合法化—社会化"的过程。在他们看来，人类所有的行动都会倾向于习惯化，而习惯化的定型就会产生制度。正是因为人们在习惯化的活动中运用了自己的主观能动性，客观的制度才得以建立。然而制度一旦建立，尤其对那些未能参与制度化的人来说，它在经验上就成了一种客观现实，个人不能用反省的方式来了解其起源，也不能要求其轻易更改。有关"制度化"的另一种理解则是批判性的。持此种观点的学者把制度化理解为近现代社会中随着理性化以及随之而来的技术化、功利化进程的加剧而出现的科层化、集权化和物化等种种"异化"倾向。他们把制度化社会理解成一个由种种理性化、等级化制度牢牢地"捆绑"而成的"铁笼"，从而主张打破制度化对人的限制，重新获取人的主体地位。可以说，制度的出现是人们进行生活探究的产物，它的出现使生活能够按照

---

① 薛晓源、陈家刚：《全球化与新制度主义》，社会科学出版社 2004 年版，第 264 页。

理性的、规律的、有序的方式进行，从而提高了生活的质量，有利于社会的整体推进。但由于制度化的生活对规范的过分尊重与强调，人不满足于有限的生活境况，进而寻求突破与创新的超越精神逐渐被压制，从而在极大的程度上限制了人的发展，造成了生活与人的异化。所以，在倡导人是生活的主体、寻求人的主体性的生成与发展的今天，制度化的倾向受到了严厉的批判。但事实上，不管人们是否察觉到制度的存在，也不管人们采取何种态度应对制度的制约，首先必须承认制度化的确客观地存在着，它已经深入生活的各个角落，并且正在深刻地影响着世界历史的进程，无疑也影响着教育系统的方方面面。

　　以制度化的教育形式取代无组织的、偶发的教育活动，是人类教育发展过程中的重要进步。原始社会的教育未从社会生产和生活中完全分化出来，"其主要表现是没有专门从事教育（以此为职业）的人员和相对固定的教育对象，没有专门为教育所用的内容和场所，教育活动渗透在生产和生活之中，因此也不可能有什么教育制度可言"①，但随着社会的发展，尤其是进入阶级社会以后，出于社会发展的需要，再加上生产劳动的分化，教育开始出现了两种形式，一种是由专人和专门机构所从事的教育，一种则是在其他社会活动中进行的教育。前一种教育以其有目的、有组织、系统化的特点而形成了制度化的教育，主要表现为学校教育的出现；后一种教育则因为仍然保持着与生活同构的特性而未能进入度化的体系中。制度化的教育出现后，一是把教育活动，尤其是学校教育活动进行了有效的组织管理，使其程序化、规范化，从而集中了教育中的主要资源和力量，增强了教育的效果；二是把教育活动和社会的需要密切联系起来，使之成为为一定的社会阶级和时代政治、经济等需要与利益服务的工具。自此，教育活动不再如往昔那样可以随机出现，而具有了特定的形式和条件，且被规定在一个有限的时空中进行，制度化的教育取代了自在的教育，成为人类进行教育活动的主要形式。尤其是当"学校一经组织成为一个完整的制度体系后，那它在社会上就固定下来了，到了后来，由于学校及学校教育活动的出现，原始时代中

———————————

① 叶澜：《教育概论》，人民教育出版社1999年版，第43页。

那种大一统清一色的自在、自发、随机、分散的教育形态就被打破了"。①

　　制度化的教育以其高效、规范的组织形式极大地满足了社会生产的需要，有其合理性的一面。第一，制度化的教育使社会教育机构及教育实体内部的教育活动、教育过程，都形成一定标准，并要求在教育系统、教育实体与教育过程中，按标准和规则、规范操作，并逐级实行规范管理，从而尽可能排除了教育系统、教育实体、教育过程以外的干扰，尽可能排除人为因素干扰，使教育活动有序地开展。第二，制度化的教育以其固定的人员配备、传授内容与时空安排有效地提高了教育的效率，有效地利用了有限的社会资源，避免了对社会现实来说无效教育行为的重复发生。第三，制度化的教育的出现进一步提升了教育在社会生活中的地位，并将学校教育纳入整个社会制度之中，成为整个社会体制中重要的一个环节，从此，教育脱离了"私域"而成为"公域"的一部分，教育由主要是个人的事变成主要是社会的事。这就确立了制度化教育优于其他一切教育形式的"正规"地位，使学校教育成为引导社会生活的重要手段。

　　制度化的教育是为有计划地引导人的发展而有目的地安排的，但若在更为开放的视野中审视，就会发现这种安排实际上使得"那些被人重视的可能性……得以实现，同时在消灭其他发展的可能性"②，造成了对教育与生活的割裂。第一，正规教育仍然建构人的生活，但强调以法定的课程、统一的教材、同步的进度与相同的标准对学生进行培养、训练和评价却导致教育中的趋同化。即是说，与开放的、自在的教育相比，此种教育所导向的生活是一种预设的、确定的生活，而不是会出现多种可能结果的生活，其所塑造的人也将在同一规划下千人一面而不是各具特性。第二，正规教育排斥其他形式的教育对生活的介入，旨在使每个人都过上预设的生活，这就造成了一种生活方式的反复出现，从而把学校变成了实现人的生长的唯一场所而不是一个场所，把教育变成了为未来生活进行准备的过程，而不是进行生活探究的过程；第三，以学

---

　　① 胡德海：《教育学原理（第二版）》，甘肃教育出版社 2006 年版，第 211 页。
　　② ［德］卡尔·雅斯贝尔斯：《什么是教育》，邹进译，生活·读书·新知三联书店 1991 年版，第 63 页。

校教育的方式替换其他形式的教育，使得社会能够集中有限的资源支持教育的发展，但以遏制其他教育的发展为代价专门进行制度化的教育，势必也会限制其自身发展的可能，从而使制度化的教育沦为在体制内自说自话的活动，而不是面对全部生活、以宽阔的视域寻求人的超越发展的探究活动。

最后需要说明的是，制度化的教育与非制度化的教育都是人们进行生活探究的工具，是一种并列的存在，只不过制度化的教育由于其更能满足社会需要的特点，在社会发展的过程中逐渐成为一种主要的、正规的教育形式，而其他形式的教育则暂时处在被排挤、被压迫的状态之中。虽然制度化的教育出于自身发展的需要，具有通过吞噬、排斥其他形式的教育扩张自身领域的特点，但只要生活在继续，教育寻求多种可能结果的学术传统就使得非制度化的教育不会彻底消失。在工具理性猖獗的今天，制度化的教育由于越来越强调规范的操作过程而逐渐丧失了其生活探究的属性，而非制度化的教育由于较少受到规范程序的影响，在更大的程度上反而保持着生活探究的功能，因此，指出制度化的教育对教育学术传统的压制，以后者关照前者，有利于当代教育理论的创新。

二　专业化的教育研究的产生

以制度化的手段在空间上将教育从"田间地头"、"森林河海"转移到"校舍"，在时间上将关注"当下性"、"共时性"的教育转变成强调"不在场"和"历时性"的教育，[1] 使原本弥散在社会生活中隐而不显的教育正规化、明确化，符合人类自身发展的需要。但制度化的教育一经确立，为了规范教育活动，更为了杜绝失范，只要有可能，它就要不断加强自身建设，使制度中所包含的规则、规范更为密集，并使制度相互配套。一种制度的产生可以是生活探究的结果，但若要产生与之配套的另外一种制度，则必须以此种制度为基础进行专门的制作。制度化教育想要实现对教育活动的规范化，就必须对此进行专门的研究。除此

---

① 程广文、宋乃庆：《论教育本体与生活世界》，《西南大学学报》（人文社会科学版）2007 年第 1 期。

以外，作为一种专门而为之的教育活动，制度化的教育还必须产生与之相关的具体操作方案，才能提高教育效率，实现既定目标。在此基础上，一种以既有规范为基础，旨在生产制度化教育理论的专业化的教育研究随之产生。

研究并不是制度化教育的专属活动，而是人们在对生活延续更新的共同参与中，为了更好地解决生存与发展问题而进行的探索，是教育学术传统的自然展现。因此，从起点上讲，教育研究的出现并没有任何神奇之处，它既没有深思熟虑的准备，也没有精心设计的程序，人们就在生存和向往美好生活的过程中自然而然地走出了一条学术研究的轨迹。这种研究是一种全员参与的活动，它的目的就在于使探究的行动成为使人得以更好生活的过程，具有鲜明的实践智慧性格。这种研究既是对世界审慎的追问，又是对生活真诚的向往，是一种正本清源的活动，这种正本清源表现在它不但能拓宽人的视野和思路，还能彰显人的伟大与创造力，更能赋予人以生活愈加美好的信心和进步自身的决心，其旨趣不是要找到一个现成的生活，而在于去发现和追求尚未实现的生活，所以，教育研究更多的是对生活的考察，而非技术性的分解，其目的就在于使人生活得更加美好、发展得更为充分，这即是教育作为生活探究活动的基本问题，更是所有教育研究活动的开端与追求。因此，对生活实践问题的整体关注引领教育学术研究，它"把教育与全部人生、社会问题放置在一起作为整体加以考虑，直面教育实践"①，不存在单纯增加教育知识的目的，更不会用某种技术的方法造成研究中问题的消解和僭越，它的全部目的就在于不断地寻找和创造更多更好的生活。而随着胡塞尔所谓的科学世界从生活世界中分化出来，当教育问题以制度化、课题化的形式呈现时，作为整体的学术研究便被割裂了，专业化的研究就凸显出来，甚至出现了以前者取代后者的现象。

为了满足制度化教育的要求，以班级授课制的出现为起点，人们开始以专业化的方式研究如何扩大教育范围、提高教学效率和改善教育效果等一系列问题。从专业化的教育研究的兴起本身来看，强调以课题化、对象化的研究方式对教育活动进行考察是为了更好地发挥教育推动

---

① 刘旭东：《教育的学术传统与教育研究》，《高等教育研究》2008 年第 1 期。

社会进步与人的发展的作用，是人们应时代之需而做出的选择，但出于制度化本身建立规范、寻找客观规律的要求，专业化的教育研究逐渐从帮助人们更好地开展教育活动的手段演变为一种以理论生产为目的，并以其指导教育实践的活动，在性质与目的上均误入歧途。在性质上，专业化的教育研究并不与生活同构，而是站在生活以外，以对峙的姿态分析教育的人为活动。因此，它的发生并不一定需要教育的参与，脱离了具体的教育实践，此种研究仍然能够进行。这就把探究活动从教育之中剔除出来，变成了一种独立于教育而单独存在的抽象的制作活动。专业化的教育研究的目的也不在于为教育开启更多的可能，而在于为制度化的教育生产出足够多的理论，以解释、指导此种教育活动按照规范的逻辑更好运行。对这种研究来说，参与教育事务并非出于对教育的积极关怀，而是出于对自我建构的需要，所以，它并不掺杂情感的因素，而更多地强调一种理性的分析，以求得体系上的完满。而其生产出的理论在制度体系内意义重大，一旦实践的发展超出了规范的边界，这些理论就显得无能为力，至少并不能如以前般得心应手。基于此，专业化的教育研究的出现削弱了教育的生活探究属性，将教育活动静止化，使探究活动成为脱离教育以外的专门人为活动，抹杀了教育的生成性和冒险性，关闭了原来保持与生活同构、开放的教育边界，使教育研究成为一个封闭的、与生活无涉的，以制度产生制度、以规范制作规范的内生系统。事实上，教育并不排斥寻求专业化的研究以提供技术支持，在制度化的教育中，专门研究以其规范化、理论化的特点在一定程度上优于弥散的生活探究，有利于加深人们对教育的认识。如若为了认识的深化就要以规范的研究取代生活的探究，就不符合教育的学术传统。从根本上讲，教育学术研究不是要去劝告人们应该怎样生活与实践，而是要揭示人们本来能够拥有哪些美好的可能生活；不是强加于人们以某种现实的规范要求，而是发现关于生活自身的真理。规范本身固然重要，但更为重要的是规范的理由，专业化的教育研究以建立规范的方式为规范提供理由，这就加剧了教育问题与生活的割裂，加剧了研究活动与生活探究的对峙，最终会使研究成为一种关于教育的而不是为了教育的课题化活动。

三　教育理论与实践的分化

教育是具有生活探究属性的实践活动并据此形成了自身的学术传统，这一学术传统决定了教育探究的过程即是行动的过程，在这里，研究的理路与实践行动的逻辑是一致的，与实践同构的特性决定了教育研究必须以积极的姿态真正地参与教育事件，真正地出席教育现场，而不是站在实践之外进行沉思。这即是说，教育研究是教育者的行动，是一种"不需要以物或事为中介的，直接在人们之间进行的活动"①，相对于理论活动来说，具有优先发生的特点。而专业化的教育研究的目的是以理论干预实践，它的出现丰富了教育研究的形式，但其制造理论以指导实践的探究旨趣，却阻碍了教育学术传统的延续，更造成了教育中理论与实践的对立。

理论在生活中原本与行动一样是生活探究的手段之一，是两种并列的生活方式，并不具有高于行动的地位。根据伽达默尔的考证，理论"一词的原初意义是作为团体的一员参与那种崇奉神明的祭祀庆祝活动。对这种神圣活动的观察，不是不介入地确证某种中立的事务状态，或者观看某种壮丽的表演或节目"②，因此，理论不是独立于人的生活实践之外的普遍认识，也不是对复杂现象的抽象概括，而是以人的主动参与作为理想的一种生活方式。"在古希腊，'理论与实践的区别只是两种不同生活方式的区别'，'理论与实践实际上都是以人的存在、人的现实生活为前提的'。本源的理论并不表现为与实践的距离，而是与实践的接近。亦是说，理论不与实践相对立，而是与实践相统一。"③ 最为古老的教育理论"来源于教育者和受教育者所属社会的传统……他人与本人的经验，对现状的解释和教育技术学上猜测的结果"④ 的混合，包含着丰富的情感与智慧，是人们在进行教育的过程中与行动并生的认

①　［美］汉娜·阿伦特：《人的境况》，王寅丽译，上海人民出版社 2009 年版，第 1 页。

②　王寅丽：《在哲学与政治之间：汉娜·阿伦特政治哲学研究》，复旦大学，博士学位论文，2006 年，第 16 页。

③　宁虹、胡萨：《教育理论与实践的本然统一》，《教育研究》2006 年第 5 期。

④　［德］W. 布雷岑卡：《教育学知识的哲学——分析、批判、建议》，李其龙译，《教育研究》1996 年第 4 期。

识，它并非来源于教育实践之外的沉思，而是对教育生活的积极参与，它是鲜活的，而不是理性的，它意在使人们以更多的热忱投身于教育实践之中，而不是予人以冷静的分析为教育勾画未来。因此，它不是专业研究所能制造出来的，它的出现只能与生活探究同构。

专业化的教育研究是适应制度化教育产生的一种专门研究，虽然在形式、手段和方法上来说不同于原初的教育研究，但从本质上来说，其以探究改造生活的目的仍然符合教育的学术传统。然而，为制度化教育服务的特性却要求其以生产规范理论为鹄的，在此前提下，它只能以部分地舍弃教育的学术传统为代价换得自身的延续与制度化教育的发展。因此，专业化的教育研究其实是一种研究重心发生了偏移的探究活动，主要表现在将教育从关注整体生活改为关注部分生活，从指向真实的人改为培养理想的人，从而用单一的形式、固定的方法与规范的流程来实现教育的发展。其所生产的教育理论其实也是一种变质的教育理论，主要表现在，以人工制作的方式改变了理论与生活同构的生成方式，并歪曲了教育理论投身实践的性质与作用，使其成为能够产生并巩固制度化教育存在的规范，但却无法唤起实践回应的抽象形式，而只能游离于实践之外。随着制度化教育成为人类的主要教育形式之一，专业化的教育研究在改造生活的过程中也越来越多地扮演着重要的角色，由此构建出来的教育理论也就越来越成为人们进行教育活动的依据。但人造的理论毕竟并不能完全控制实践，生活并不会依据任何既定的轨迹延续与变更，因而，理论与实践的分化表现得越发明显。事实上，真实的教育理论与实践并未发生错位，而人造的、规范的理论难以符合实践的发展。专业化的教育研究若要承担探究生活、生成教育的任务，就必须从原点上审视自身，找到切入实践的具体办法，才能赋予自身以新的空间和发展。

总的来说，以专业研究的出现为标志，教育活动中开始出现了以研究制作教育、而不是使教育与探究同构的现象。具体表现在：专业化的教育研究按照技术的流程分解教育，而不是以探究的方式生成教育，从而使教育研究成为站在教育之外指手画脚式的干预，降低了教育参与人生的可能性；专业化的教育研究产生理论，但同时也以理论作为建立新的教育规范的基础，从而以理论的逻辑取代了实践的逻辑，限制了教育实践的发展，割裂了教育与生活的联系。虽然专业化的教育研究以巩固制度化教育的合法地位的方式促进了历史的进步和社会的发展，但以设立规范的手段将其他形式的教育斥之为"草根的"、"民间的"教育，则会扭曲现实的教育行为，使人无法获得更多的教育以产生更多的生活，阻碍人的全面发展。我们认为，专业化的教育研究的出现反映出了人类探索教育与认识教育手段的进步，却由此遗忘甚至丢失了"非形式化"、"非实体化"、"非制度化"教育中所蕴含的学术传统，必定将使人类教育陷入死胡同，而若想使教育重新成为关注人的生长的探究活动，就必须跳出专业化的藩篱，从所谓"草根的"、"民间的"教育中挖掘并重申教育的学术传统，还教育研究以一个真实的教育，而不是给现实的教育以一个专业的教育研究。*

　　*说明：笔者在写作本书第二章的过程中，甘肃省张家川回族自治县阿语学校的全体教师共 18 人自费组团来到我校进行交流学习活动。该校是一所民办中等职业学校，属于"体制外"的学校。教师们坦言，他们中的大多数人不具备正规的师范教育背景，但强烈的民族意识与为社会服务的情怀促使他们开办了这个学校，来收容那些被称之为"三不管"的学生，即正规学校不管、家长不管、社会不要的学生。经过十几年的努力，该校学生中有许多人已走上工作岗位，有的还在阿拉伯国家拥有实业。在交流的过程中，他们多次强烈并且谦卑地表达出对教育学知识的崇敬之情，并迫切希望在正规的师范院校中能够获得接受教育学、心理学知识方面培训的机会。我没有能够参加这次交流活动，但通过其他同学的讲述，我深深地感受到，越是所谓民间的、草根的、非正规的教育，越能赋予教育者以强烈的探究意识。阿语学校的老师们并不存在评职称与年终考核的问题，因此，从功利的角度出发，他们没有必要学习专业教育学知识，但他们在交流的过程中反复发问的却是如何教和如何通过教学活动来实现自我、提高自我的问题，他们不仅想要办一所成功的学校，更想通过教育活动来实现某些他们不甚清晰，但却被自己认为是有意义的价值，从一定程度上，他们希望通过这次交流活动找到上述问题答案的愿望远胜于某些正规学校中的教师。这说明，教育者的探究意识并不由教育体制给定，更不由专业化的教育研究产生，身处教育实践中的每一个人都会在这一活动中自觉地产生寻求教育真谛的想

法，而自费组团的行为本身更证明了这种愿望之于他们的迫切性与自发性。在我看来，这即是教育的学术传统的表现。当然，在大多数人的观念中，学院化的、专业化的教育研究对于个性化的、草根式的教育研究来说是一种"权威"的研究模式，草根的教育智慧若要肯定自我，最好与最为直接的方式则是获得专业化的教育研究的认同，因此，阿语学校的老师们并没有联系其他单位，而是直接寄希望于大学教授、博士们，并希望能够得到专业人员的指点。当然，在交流中，我的同学们积极肯定了他们的成绩，同时也给出了令他们满意的答案，但老师们无处解决困惑，只能诉诸大学的事实在反映出正规教育之于非正规教育的先进性的同时，也能够反映出正规教育以霸权的方式确立专业化的教育研究的权威性，并拥有减弱或者取消其他一切形式教育的霸权地位。但值得一提的是，尽管老师们表现得如此谦虚甚至谦卑，但我的同学们非但没有从"指导"的过程中得到满足，反而在事后感受到强烈的震撼，并纷纷表达出对以往研究不足的反思之情。也就是说，代表了专业化的教育研究的他们，在与代表草根智慧的教师的交流中发挥了"高高在上"的作用，但其"权威"性却并没有获得自我的认同，同为教育者的他们反而在"居高临下"的"传授"中有所失落。这便是这一事件的吊诡之处：在专业化的教育研究的霸权下，草根教育智慧不得不"贴上去"，这样做的目的，一是从体系化的知识中汲取到了有益的营养，二是通过专业的认同而得到了自我的认同；专业化的教育研究满怀信心地"迎上"草根智慧，在受到震撼的同时仍然汲取了营养，但却在震撼中"丧失"了信心。当然，说"丧失"信心有夸大之嫌疑，震撼可能更多地来自于作为研究者的自觉反思，但草根教育中的学术传统之于专业化的教育研究的影响也由此可见一斑。因此，在笔者看来，此次交流活动其实是专业化的教育研究与教育学术传统的一次碰撞，通过碰撞，阳春白雪的专业研究终于发现了黄土春泥式的"民间"教育之美，从而获得了清泉潺流式的洗礼，而教育的学术传统在展现自身的同时也获得了专业化的教育研究的补充，丰富了自身的形式，专业化的教育研究与教育的学术传统在碰撞中实现了相融而不是相斥。而事实上，这种碰撞无时无刻不在教育中发生着，但只有促进而不是遏制这种碰撞的发生，教育才能不断获得新的发展。

第三章

制作图式与教育研究的发展

"图式"一词源自古希腊文，原意是"外观、形象"，并没有特殊的哲学意义。康德为了说明人类认识活动的心理过程和机制，首次赋予"图式"以"一种抽象的感性结构"，或"概念性的感性结构方式"的含义，用以解释人类知识的形成①。皮亚杰后来对这一概念进行了阐发，使"图式"成为用以解释人的认识发生过程中的重要概念。皮亚杰认为"图式指动作的结构或组织"②，"在一个活动中，我们把其中的那个能被从一个情景传递到另一个情景因而能加以普遍化和分化的东西称作动作图式。换言之，图式就是同一活动在多次重复和运用中共同具有的那个东西"③。所以，他认为图式是认知结构的起点和核心，是人类认识事物的基础，图式的形成和变化是认知发展的实质，人的认知发展就是图式发展的过程。从教育的学术传统出发，教育本无图式可言，但随着制度化教育的出现，教育中逐渐形成了一种以固定的制作模型取代创造性探究的倾向，致使专业化的教育研究成为一种制作图式，它的出现极大地影响了人们对于教育活动的认识，并致使教育研究陷入专业化的困境之中。

第一节　制作图式的出现

政治哲学家汉娜·阿伦特曾经区分了三种根本性的人类活动：劳

---

① 黎玉琴：《论怀疑与认识图式的生成及发展》，《贵州大学学报》1991年第2期。
② 皮亚杰·英海尔德著：《儿童心理学》，吴福元译，商务印书馆1980年版，第5页。
③ 参见石向实《论皮亚杰的图式理论》，《内蒙古社会科学》1994年第3期。

动、工作和行动，来相应于人的现实生活的每一种基本境况。她认为，劳动是源于生命本能的活动，"劳动是与人身体的生物过程相应的活动，身体自发的生长、新陈代谢和最终的衰亡，都要依靠劳动产出和输入生命过程的生存必需品"。① 劳动虽然在人的生活中占有不可或缺的作用，但由于它本身并不产生思想，无法使人的存在实现永恒，所以在提倡以沉思获得永恒体验的时代中，逐渐被轻蔑甚至忽略。工作是工匠所从事的活动，"是与人存在的非自然性相应的活动"，因其能够产出制成品的性质给人"提供了一个完全不同于自然环境的'人造'事物世界。每一个人都居住在这个世界之内，但这个世界本身却注定要超越他们所有的人而长久地存在"②。工作也不产生思想，但却能制作产品，并以此为人的"生活的空虚无益和人寿的短促易逝赋予了一种持久长存的尺度"③，从而在人的生活中获得了高于劳动的地位。但通过物化的手段获得一定程度上的持存，却无法满足人无止境的好奇心与探究欲望，更无法适应生活的绵延与实践的变更，因此，工作的过程不能停止，它需要一次又一次地制作产品，来维持自身在人类生活中的地位与作用。行动与劳动和工作都有所不同，"是唯一不需要以物或事为中介的，直接在人们之间进行的活动"④，它是由很多怀有不同的动机和目的，在各个方面都具有一致性的人联合运作发生的活动。行动是一种需要人持续在场的复杂的活动方式，它一旦发生就无法重复，因此，它的开展即是不断地沟通和交流的过程，其间必然将充满智慧与情感。按照阿伦特的说法，只有通过行动才能诞生新的开端，也只有通过行动，人才能摆脱自身存在的有限境况，用创造的方式来过上一种积极的生活。所以，"在这一创新的意义上，行动的要素内含在所有人类活动之中"⑤，这其中自然包括了教育。

　　然而，在制度化社会所要求的稳定、有序的生活中，行动却有不可弥补的缺点。这是因为，首先，行动过程具有不同的价值目标指向，不

---

① ［美］汉娜·阿伦特：《人的境况》，王寅丽译，上海人民出版社 2009 年版，第 1 页。
② 同上。
③ 同上书，第 2 页。
④ 同上书，第 1 页。
⑤ 同上书，第 2 页。

同的行动者怀有不同的追求参与进行行动，具有复杂性和不确定的特点；其次，行动的过程具有不可逆的特点，行动一旦开展，将无法完全回到从前，在这个一次性的过程中，人们无法控制预计的结果，更无法按照规范的模式活动，因此，在某种程度上，行动是令人们怀疑和畏惧的；最后，人们联合进行行动的成本太大，当规模达到一定程度后，就难以在有限的单位时间内克服巨大的联合成本而联合起来①。所以，虽然行动具有消除人生存的有限境况、开启新的可能的能力，但由于其本身并不能产生一个确定的结果，再加上行动过程的不可控制性，不能满足社会生活，尤其是制度化社会的需要，因而，人们希望能够消除行动对生活的影响，以过上一种稳定的、持久的规范生活。在这种诉求下，与生命同构的劳动显然不能担此重任，而工作以其结构简单、同质性、容易掌控和联合成本小的特点就进入了人们的视野。事实上，早在古希腊时代，就"存在一种诱惑，就是找到一种行动的替代品，让人类事物领域摆脱在人行为人的复数性境况下，行动固有的任意性和道德上的无责任人特征。这种诱惑对行动者的吸引力，不亚于对思想者的吸引力，而我们有文字记载的全部历史对之提出的解决方案都惊人的一致，也证明了在这些问题上存在着根本的简化"②，寻找的结果，则是以工作的方式建立起一个物化的世界，以实现在生活实践中对行动的置换。

试图以工作取代行动能够强化人们对世界的统治，这并没有完全抹杀行动在人类活动中的地位与作用，因为将行动视为获得其他事物的一种工具"从未真正成功地取消行动，没有阻止行动成为一种重要的人类经验，或彻底破坏人类事物领域。"③但随着工作的开展，制作的经验往往会容易变成一种固定的做法和惯习，并慢慢地渗入行动之中，与行动的过程结成一体，从而改变人类活动的整体方式，造成行动的隐没。根据阿伦特的论述，由于工作的重复性特点，人们长期积累起来的制作经验或做法很容易变成一种先于工作开展，具有足够的控制力调控整个制作过程，并能够排除工作过程脱离产品规划的不可控因素参与进来的

---

①　刘森林：《实践的逻辑》，社会科学文献出版社 2009 年版，第 23—24 页。

②　[美] 汉娜·阿伦特：《人的境况》，王寅丽译，上海人民出版社 2009 年版，第 171—172 页。

③　同上书，第 179 页。

程序性力量，从而产生制作的图式。这就是说，"制作的实际工作是在一个模型的指导下完成的，对象按照模型来塑造。这个模型可能是心灵的眼睛关照到的一个影像，也可能是借助工作已暂时地捕捉到了的物质化形态的一个蓝图。不管是哪一种情况，引导制作活动的东西都在制作者之外，先于制作的实际活动，正如劳动者体内生命过程的紧迫性先于实际的劳动过程一样"[①]。制作图式高于制作的过程，它的核心在于能够把动态的制作过程变成静态的影像模型，从而取消或者限制了人对工作的主动参与，使工作的过程成为利用模型进行投影的结果而不是人进行自主创造的过程。制作图式并不是马克思所说的蹩脚的建筑师在建筑蜂房之前头脑中所勾勒的设计模型[②]，因为再糟糕的建筑模型总是建筑师自主思考的产物，因此他仍然能够随时修正这一模型，而制作图式则完全由惯习形成，并拒绝其他一切后继的改动，所以，制作图式"不仅先于制作过程而存在，而且在作品完成之后也不会立即消失，它完整无缺地保存着，并让自己继续引导原则上可以无限次重复的制作活动"[③]。它规定工作按照既定的规格进行技术化的组装，但并不随着产品的出现而消失，相反，它通过固化人的思维方式变身为一种确定性程度很高的逻辑智慧，跟实际工作活动中的技艺显著区别开来，这样就进一步排除了工作中可能遭遇到的不确定的因素，使工作成为合乎制度化社会生活需要的主要活动形式。

工作作为人的活动形式之一，并不能完全取代行动的价值，但制作图式的出现却能对行动造成隔离，并使工作成为唯一能够适应制度化社会的生活探究形式。因此，将制作及其图式植入其他一切活动，用制作去比附其他所有探究，把所有事物都看作是技术工作的结果，就成为人类处理所有事务的手段和方法。换言之，模式化的制作把自身及自身的

---

① 〔美〕汉娜·阿伦特：《人的境况》，王寅丽译，上海人民出版社 2009 年版，第 108—109 页。

② "最蹩脚的建筑师从一开始就比最灵巧的蜜蜂高明的地方，是他在蜂箱里建筑蜂房之前，已经在自己的头脑中把它建成了……"参见马克思《资本论》，中国社会科学出版社 1983 年版，第 166 页。

③ 〔美〕汉娜·阿伦特：《人的境况》，王寅丽译，上海人民出版社 2009 年版，第 109 页。

应用推广到人类整个生活之中取代了行动的传统，使人的生活状态从探究变成了制作，与生活同构的教育，自然也就不再被视为一种使探究发生的行动过程，而成了一种为社会生活所需要并且能够被制作出来的产品。

第二节　制作图式对教育学术传统的隔离

一　行动中的教育与制作中的教育

阿伦特所说的三种活动都与教育有关。劳动中的教育是完全复制性的；工作中的教育有一部分是创造性的，但也有一部分是复制性的。只有行动中的教育才能体现出寻找一切可能的方式促进人的发展的教育学术传统。作为延续生活的手段，单个人的探究活动虽然具有教育的意味，但却不能反映出教育的全貌，教育的发生，必须是一个全员参与生活探究的过程，因为，只有全员共同行动的实践，才能提供给单个人的探究行为以影响他人的机会，并产生沟通和交流使得每个人都得到更好更快的生长。这即是说，教育的发生需要人的持续在场，没有人在场的教育是不可能出现的。此外，教育发生在瞬息万变的生活之中，生活的一维性特点使此情此景下所产生的教育活动绝不可能在他处完全再现，因此，教育总是不断开启新的开端，这就保证了教育能够提供给人以多种可能的生活而不是唯一的生活。正是由于人需要根据具体的情境不断更改教育的形态并选择恰当的方法，教育才能充满无尽的智慧与情感，使这一行动过程成为一个创造的过程，从而能够帮助人摆脱有限境况的束缚，实现自身的超越发展。所以，教育通过其学术传统所表现出来的行动倾向是源于人摆脱外在条件的限制，过上积极生活的本能展现，在教育的活动序列中，它虽然隐而不显，但却体现在每一个行为者的意识当中，真正引导着教育实践的开展。正如马克斯·范梅南所说，"当孩子出生时，父母由此经历抱着孩子、保护孩子、为了孩子而不断自我牺牲和即使一切顺利也不断为孩子担忧的种种喜怒哀乐。我们的行为已具有教育意义。这是前理论、前反思、前科学的，在身体力行中获得的知识"①。教育的学术传统就是"行动"追求开端的意图在教育活动中的具体展现，它发生在沉思之前，它虽然使教育充满了不确定的因素并造成无法预料的后果，却保持了教育的生活探究属性，使得教育永远处在无畏的探索和超越之中。

行动的要素构成了教育的学术传统，但制作的形式更加适合现实教育活动的开展，这是因为制作与体制化的生产在强调规范、追求稳定性与确定性等方面有相合拍之处，故而适合现实教育的开展，尤其是在制度化的社会生活中，以工作的方式进行教育，将教育明确分工，把教育中的人划分出明确的角色，并选定特定的内容和方式进行文化知识的传授，有利于教育成为社会事业的一部分，实现教育推进生活、改造生活的本意，如亚里士多德在人类教育事务中所区分出的"职业教育"就是制作进入教育的表现。但不能否认，体制中一定存在着某种为了保持秩序的稳定而人为设置的边界，因而在体制中教育并不能完全发挥出自由的天性，不能完全舒畅地行动。尽管在重视精神生活的时代中，职业教育指向于现实的生活而一度与力图培养完人的自由教育相对，也加强了制度化的教育对探究方式的简化，但将教育视为工作，仍能反映出在实践的变革中，教育寻求多种可能性的学术传统。这即是说，吸纳制作的因素改造教育的形式，使其更加符合现实社会生活的要求，是人们在教育的学术传统驱使下所进行的勇敢的尝试，这一尝试虽然给教育带来了制度化的种种弊端，也滋生出专业的教育研究，但就其本身而言，仍然属于行动的范畴。如前所述，行动的过程就是一个冒险的历程，将教育活动变成一种专门的工作虽然提高了教育的效率，却在很大程度上变更了教育的生活探究属性，并产生了专业化的教育研究以替代生活探究的发生，使得研究与教育脱离甚至对峙，不利于教育寻求更为广阔的空间。同时，专业化的教育研究所生产的专门理论为教育过程提供了既定的模型，从而固化了教育的目的，抵消了以制度化的手段开展教育这一行动的意图，把整个教育活动都纳入了制作的范畴之中。

---

① ［加］马克斯·范梅南：《生活体验研究——人文科学视野中的教育学》，宋广文等译，教育科学出版社 2003 年版，第 191 页。

二　作为专业化的教育研究的制作图式

专业化的教育研究是专门负责生产规范的教育理论，并以此理论指导实践的活动，其本身就是一种制作图式。

第一，专业化的教育研究提前对可能的情况做出分析、判断，进而采取相应的预防措施，保证现实活动的顺利开展，使自身在行动之前就已发生。同时，专业化的教育研究把教育实践看作是一个静止的、固态的事物，并排除教育中的一切不确定的因素，以此制订出尽可能详细的规范要求，保证了后继的行动与预设的计划不发生偏差。发生在制作之前，并以生产理论的方式指导实践，帮助人们规避了教育活动可能遭遇到的风险，使专业化的教育研究成为整个教育活动的图式。要做到这一点，专业化的教育研究必须要置身事外，以居高临下的姿态审视教育，造成了把教育卷入研究，而不是使教育成为探究的结果，这不仅违背了教育的学术传统，更以理论的投影遮蔽了实践的运行。由此，专业化的教育研究获得了强大的程序性力量，可以普适地对教育实践进行分析，从而把整个教育活动都变成了自身制作的产物。

第二，专业化的教育研究将理论视为能够捕获世界的"网"，人为地制造出"没有理论指导的实践是盲目的实践"的说法，并将其本体论化，使专业化的教育研究获得了高于教育实践的霸权地位，成为开展教育实践活动的依据。但是，在"理论可以捕获世界"这一未加质疑的"制作图式"的支配下，人们关注的常常是技术性的纸面设计，埋头的往往是经验主义的粗陋操作，收获的大多是通过介入教育实践而取得的个人实利，不仅没有促进教育实践的发展，反而造成了教育实践的终结。帕斯卡曾经说过，"人们常有将自己的行为合理化即逻辑化的倾向，而他们常常是这一倾向的殉葬品"①，以研究制造理想的实践，将千变万化的教育实践简化为理论的投影，虽然有利于现实教育活动的开展，但却不利于教育自身的发展。同时，制作图式的存在看似使人控制了教育的运行，实则把人置于制作图式之下，使人沦为进行教育研究的

---

① 周晓虹：《西方社会学历史与体系（第一卷）》，上海人民出版社 2002 年版，第 216—217 页。

工具而不是开展教育探究的主体。时至今日，在教育教学领域中动辄兴起的"××模式"①，或一窝蜂式地照搬照抄某地、某校先进办学经验的做法，其实都是将教育研究视为制作图式的表现。当然，他山之石可以攻玉，但别人的经验和做法并不都会在自己这里一试就灵，教育活动需要借鉴他人优秀的教育经验与做法，可是若把这些经验和模式视为一成不变的金科玉律，不仅会阻碍教育的创新，更会以理论化的实践取代实践的实践，造成教育中对于实践的"无知"与人本身的隐没，进一步扩大教育理论与实践之间的距离，降低人在教育活动中的能动性。

第三，教育研究本与教育实践相伴而生，是教育生活探究属性的外在化表现，因此，不存在能够脱离实践单独进行的教育研究，对教育研究活动来说，其历史的起点与逻辑的起点统一于实践之中。而制作图式对教育的入侵把教育研究与实践强行分离开来，并确立了以规范而不是实践作为教育研究逻辑起点的原则，使专业化的教育研究成了一种"无根"的研究，这就使专业化的教育研究始终难以找到自身的学科起点，为教育研究成为"次等学科"埋下了隐患②。除此以外，专业化的教育研究把一切不能够符合自身图式，不能用制作图式解释的教育活动一概斥之为"草根"的、"民间"的教育，人为地造成了它们与被制作图式认可的"官方"的、"正式"的教育之间的对立，分裂了教育的完整性，造成了教育对生活的脱离。

三　专业化的研究对教育学术传统的隔离

以制作图式覆盖整个教育，其目的在于消除教育的不确定性，使教育成为制度社会中的生产工具。但与生活同构的特点使教育即便在制度

---

① 如有人提出的外语小班教学的"25"模式。具体内容包括：（1）班级人数不多于25人；（2）课外作业完成时间不多于25分钟；（3）师生课堂互动交往距离不多于25分米；（4）学生课堂训练、动手探索研究时间不少于25分钟；（5）师生课堂有效互动不少于25次；（6）师生非英语课个体英语课堂用语不少于25次；（7）每天的课外阅读不少于25分钟；每学年学生调查实践不少于25天；每学期的课外练笔不少于25篇等。（参见《小班化课堂教学的创新探索》，《现代中小学教育》2003年第9期。）

② 霍金斯在《教育与学科规训制度的缘起》一文中指出：把教育视为一门学科的想法会使人感到不安和难堪，教育学是一门次等学科，其他严谨的学术同侪对教育根本不屑一顾。（参见华勒斯坦等《学科·知识·权力》，生活·读书·新知三联书店1999年版，第43页。）

化的社会中仍然表现出探究生活、张扬人性的特性，因此，专业化的教育研究必须祛除教育的学术传统之魅，在教育实践中对教育学术传统进行隔离，才能达到自身的目的。为此，专业化的教育研究表现出如下几个方面的特点。

第一，提供方法但不解释过程。作为一种制作图式，专业化的教育研究为人们研究教育提供了详细的操作方法和步骤，却并不解释这些方法因何而来，这就把教育教学过程变成了按照技术流程制作产品的过程，抹杀了原本充盈在教育过程中的智慧与情感，只剩下冰冷的、机械的操作，使这一过程对人来说变得了无生气，毫无魅力可言。正因如此，专业化研究指导下的教育总是灰色的、空洞的，人在这一活动中也总是感觉到压抑的、沉闷的，夸美纽斯所谓成为儿童心灵屠宰场的学校就是这种被完全控制的、丧失了过程性价值的教育的表现形式，而在这种学校中，儿童产生厌学心理，进而发生逃学，乃至自暴自弃的现象也就在所难免。

第二，规定目的但不说明价值。专业化的教育研究总是以权威的口吻规定教育应当达到何种目的，但并不说明这一目的对人与生活的价值究竟何在，即便有所说明，其价值也不会超过规范的范围。生活的目的无法被规范穷尽，生活只能以自身作为目的，专业化的教育研究为教育活动规定目的，但却在规范内解释这一目的，减少了教育之于生活的意义与价值，更放逐了人的精神家园。所以，教育逐渐被功利主义所充斥，而注重精神养成与人性教化的古典教育则受到了严厉的批判。①

第三，解决问题但不生成问题。有问题才会有研究，遭遇问题的同时即是研究进行的伊始，而随着研究的推进又会揭示出更多的问题，也

---

① 如斯宾塞在《什么知识最有价值》一书中明确地提出"为我们的完美生活做好准备，乃是教育所应完成的功能；一种教育程度是否合理的判断，就是看这种功能的完成程度如何为准"。这就是著名的"生活准备说"。"生活准备说"强调了教育的现实价值，但却抹杀了教育的未来价值，使得教育成为生活的手段，甚至技术，而不再成为探究的行为。这种认识与古典教育一样是以美好生活作为目标，但问题在于，美好生活并不是静止不动等待我们去实现的目的，人们对美好生活的追求永无止境。因此，为生活做准备的教育虽然指征着美好生活，但任何一种教育都不可能完全做好实现美好生活的准备。斯宾塞的错误就在于，他忽略了生活的发展性和变化性，并由此禁锢了教育本身的发展性和变化性，使得这种教育在"完美生活"的幌子下编织出一幅"高贵的谎言"，看似提升了教育的地位，实则扼杀了教育的价值。

正是因为如此，才没有撇开研究就能够自主发展的问题，更没有超然于问题而独立进行的研究。研究的发展为新问题的生成创造外部条件，如随着研究技能、方法、理念的更新，以前不被认为是问题的问题凸显出来成为热点问题，而新的问题的产生则必然拓展新的研究空间，从而深化了研究的内容。专业化的教育研究能够解决教育实践中的问题，但规范性的操作却不允许研究本身生成新的问题，这就取消了教育的探究属性，遏制了教育发展的可能性，不利于生活的发展和人的成长，同时也限制了教育研究自身的发展。当然，教育问题的出现并不会随着专业化的教育研究的规定性而消失，实践中出现的问题总会超出制作图式所能解释的范围，若是专业化的教育研究继续恪守既有的规范，这些问题非但不能帮助人们开阔新的研究疆域，反而会实实在在地给教育发展造成障碍。

第四，改变生活但不创造生活。教育能够改变生活，但其最终目的却在于创造生活，因为只有创造出尽可能多的生活类型，教育才能给人提供多种选择来实现他想要过的生活。专业化的教育研究为制度化的社会生活而生，它不可能创造出制度化以外的生活类型供人选择。历史地看，专业化的教育研究的出现改变了人们原始、落后的生活方式，但本身的封闭性却遏制了其他生活方式的出现，从而对人的发展造成了限制。

总之，"教育研究的高度制度化使教育和学校日益成为机器，每一个过程、每一个环节都被加以严格的规定和程序化，都被要求按照严格的工艺、技术标准进行操作。教育活动的艺术性、创造性在高度的制度化、程序化和技术化的指令中被扼杀了。一个人在其一生中什么时间接受教育、接收什么教育、以何种方式接受教育（包括由谁进行教育）、所受教育应达到何种标准、何时完成某种教育，等等，都被某种权威预先以种种方式加以确定。教育活动几乎是天然的人性、灵性和个性要素在学校这个巨大机器的运转中湮没"[1]。人在这一教育中丧失了信仰，彻底地陷入虚无主义与蒙昧之中，从而"落到了这样的地步：在小事上

---

① 张斌贤：《教育历史：本性迷失的过程——对教育发展的"另类"观察》，《清华大学教育研究》2003 年第 2 期。

理智而冷静，在面对大事时却像个疯子在赌博；我们零售的是理智，批发的是疯狂"①。通过制作图式，专业化的教育研究成功地在教育实践中隔离了强调探究的学术传统之于教育行为的影响，把专业化的教育研究变成了为人们所认可的，具有极高工具价值的活动，进一步巩固了专业化的教育研究的地位，限制了教育通过探究促进生活与人的发展的旨趣，不仅遏制了人追求突破、实现超越的价值追求，更使教育研究陷入专业化的危机之中。

第三节　教育学术传统与制作图式的冲撞

在教育研究中以静态的图式景观取代动态的探究生成，使教育研究从复杂的主动探究过程变成了一个化约的、旁观的、冷静的分析操作过程，制作图式以隔离的方式暂时消除了教育的学术传统之魅，把教育变成了一种高效的、能够为社会生活直接服务的工具，并由此开始生产普遍的教育纲领，力图实现其以理论指导实践的目的。若要完全实现这一目标，必须以完全改变教育的性质为前提，即把教育的探究与冒险的历程解说为一个绝对固定的、静止的过程，如此才能克服生活中的不确定因素之于教育活动的干扰，真正一劳永逸地解决现实中的教育问题。然而，生活的变动不居决定了理论的影响可以在一定程度上改变教育的结果，却无法更改教育的属性，教育的生活探究本性并不会随着外界的干预而发生变化。因此，教育的学术传统虽然被专业研究暂时隔离，但一旦实践的发展超出了理论的预计，教育的学术传统就会显现出来，并以修正专业研究目标的方式发力，即是说，静止的、规范的制作图式拒斥教育以动态的、生成的方式发生，但教育与生活同构的特性却使得专业研究始终无法真正消除教育中的不确定因素，而随着时代的发展，人们必须摆脱原始的、偶发的、散乱的研究方式，将教育纳入某种特定的规范之中，才能使教育成为延续社会生活的工具，实现教育为社会生活服

---

① ［美］列奥·施特劳斯：《自然权利与历史》，彭刚译，生活·读书·新知三联书店2003年版，第4页。

务的目的。所以，强调冒险、探究的学术传统与强调稳定、规范的制作图式在人们进行教育活动的过程中必然会相互挤压与冲撞，使教育研究呈现出错综复杂的状态。

一　阻抗与适应的辩证运动

制作图式的目的在于将教育纳入事先设定好的轨道，但专业化的教育研究不可能更改教育与生活同构的实践特性，因此，以制作图式隔离或者压制教育的学术传统，必然会引发教育的学术传统对制作图式的反抗。在柏拉图昭示教育本质的洞穴隐喻中，我们就可以看到这种冲撞的雏形。柏拉图首先把教育的过程视为人从洞穴之中上升的过程，这种上升并不是人的完全自主行为，而是带有一点强制的意味，即是说，教育帮助完成了灵魂的转换，但这种转换是以将人拉出洞穴的方式完成的。柏拉图以这一隐喻来说明"受过教育的人与没受过教育的人的本质"的不同。人在接受教育之前，只是生存在洞穴中被束缚和捆绑的囚徒，他唯一能独立"思索"的仅仅是反射在洞壁上的影子，即人所生于其中的习俗和意见。在一种外力（教育）的迫使下，其中的某个囚徒被拉出洞穴见到了外面的阳光，见到了影子世界的真正来源。在这里，走出洞穴的过程是被强迫的，可见，教育是带有强迫性特点的，而这种强迫性又必须以个体的自由为前提，后者实际上包含着个体心灵的向善性。"为什么柏拉图要用这一种教育来说明教育本身的本质？"因为，"在希腊哲人看来，说明一事物的本质，必须从其完善形态出发，只有在其完成中事物才拥有自身，亦即事物的目的（telos）和形式（eidos）才会真正呈现"[①]。柏拉图从其"理念"出发，把理念世界作为真实的、永恒的世界，而把现象世界视为理念世界的微弱反映，所以，在柏拉图看来，教育需要促进人的生长，唤醒沉睡在每个人心灵深处的知识，但同时，这种唤醒更需要"理念"的强力介入，若没有外力帮助，人的教育不可能完全实现。以此为出发点，柏拉图一方面认为"教育实际上并不像某些人在自己的职业中所宣称的那样。他们宣称，他们能把灵魂

---

① 王凌云：《Paideia（教育）：灵魂转向的技艺——对柏拉图〈理想国〉卷七的一个评注》，转引自萌萌主编《启示与理性："古今之争"背后的"诸神之争"》，上海三联书店2005年版，第230页。

里原来没有的知识灌输到灵魂里去，好象他们能把视力放进瞎子的眼睛里去似的"①，主张教育并不能完全以强迫的方式进行；但理论上的设想若要变成现实，就必须通过建立纲领的方式完成，为此他又拟定了界限分明、等级森严的教育制度，把教育的发生严格地控制在一定的范围之内，对后世的教育研究产生了极大的影响。柏拉图的"洞喻"事实上折射出一种教育中的紧张关系：一方面，教育的发生意在彰显人的主体性，使人能够成为真正掌控自身命运的个体，但同时，这种彰显需要发生在有效的控制与引导之下，从而保证人的灵魂摆脱恶的重负，洞喻中的整个教育活动，就处在这种控制与反抗的紧张关系之中。

这种紧张的关系反映出，尽管在某些情况下，人们需要以教育作为强力介入的手段促进人的生长发展，但外在地为教育设立目标，如皮埃尔·玛南所担忧的那样，把教育的任务放在了教导和传授文明上面，而忽略杜威所谓的"成人"的教育，势必将使"有关文明的教育占据了学校的舞台以及人们的思想，关于真理的教育就不可避免地丧失了它的应有之地，而后者才是促使人的灵魂转向的教育本质所昭显的教育最本真的意义"②，这样一来，所谓人的生长也只不过就是从一个洞穴之中进入到另外一个洞穴，生活的丰富多样将永远无法实现。所以，"自希腊时代以来，西方思想家们一直在寻求一套统一的观念……这套观念可被用于证明或批评个人行为和生活以及社会习俗和制度，还可以为人们提供一个进行个人道德思考和社会政治思考的框架"③，当专业化的教育研究以制作图式的方式确定了教育活动的内容、形式和方法等后，人类教育就呈现出一种将教育的生活目的转化为生产目的的倾向，并试图用设立教育中的"阿基米德点"的方式把教育纳入某种既定的框架之内，但这种转换的发生不管是在教育实践之中，还是在人们的教育行为意识之中都未能完全实现，所以，教育研究总是在教育学术传统与制作

---

① 刘铁芳：《从柏拉图洞穴隐喻看哲学教育的可能性——兼论教育应该怎样涉幸福》，《教育学报》2008 年第 8 期。

② 翟楠：《从灵魂到身体——柏拉图的"洞穴隐喻"及现代教育的价值倒转》，《西北师范大学学报》（社会科学版）2011 年第 1 期。

③ 孙正聿：《崇高的位置——徘徊于世纪之交的哲学理性》，《吉林大学社会科学学报》1996 年第 4 期。

图式间的阻抗与适应之间寻找融通，这就导致了教育研究的演变历程呈现出一种由既相互独立又相互交错的各个面向和各个领域编织而成的动态过程。事实上，自柏拉图以后，在教育中既强调有效的控制，又不愿意放弃人文的传统，而力求平衡二者关系的做法比比皆是。譬如，不管是昆体良的《雄辩术原理》，还是我国的《学记》，或者启蒙思想家的教育论著，在论述教育"化民成俗"与服务社会的观点的同时，也间或表达出对当时教育中道德丧失、混乱无序的不满，都强调要么回归到古希腊朴素的教育传统中去，要么回到传统的礼仪教化中去。此种回归显然是不可能实现的，因而他们更多的是采取托古改制的方式，试图在保留古典传统的同时，对当时的教育进行新的规划。

二　封闭生产与开放建构并存

制作图式要求把教育活动纳入预定的规范之中，而教育的学术传统却以自身的方式抵制那些制约探究的因素，二者必然发生冲撞。正因这种冲撞的发生，才为教育的学术传统的延续创造了可能和空间，民间的、非正规的教育思想借此才得以保留下来。如是，在制作图式的刺激下，人们仍然采取专业化的方式造就教育研究的领域意识，并在特定的领域内完成教育知识的生产，以约束并控制现实中的教育行为。但"野性"的教育学术传统必然促使教育研究参与到实践中去，并超越一切外在的羁绊寻求通达人生的教育理解，并在现实中生成了诸多优秀的教育案例。所以，制作图式致力于使教育研究保持"智力独身主义"[①]，进而进行知识的封闭生产的企图并没有剥夺教育研究本身具有的丰富性与完整性，教育研究依然以开放建构的姿态追寻着生活的发展。

制作图式向往教育知识的普遍性和客观性。在其看来，由于规范的唯一性，认识和评判教育的标准也必须是客观的和唯一的。为了达到获得绝对真理性教育知识的目的，就必须采取严格的规范标准，在教育认识中彻底排除主观性。为此，它试图通过形而上学的"知识论"传统，以某种先在规范规定教育认识及其发展路径，表现为只关注诸如教育的

---

① ［美］弗兰克·H. T. 罗德斯：《创造未来：美国大学的作用》，王晓阳、蓝劲松等译，清华大学出版社 2007 年版，第 46 页。

内容、方法、常规、结果等教育认识中的技术性要素，把获得理性化的教育知识、建立教育的规则当作学科目的，以为抓住了这一点就能推知其余属性，倾向于建立一个能够自圆其说的理论体系。这样做的结果固然维护了教育理论体系严密的逻辑性，但教育活动中那些难以被某种逻辑结构所容纳的、可变的、偶然的、具有能动性的社会性因素却被漠视。利奥塔指出，以真理的话语为标准来衡量其他话语的真假，会导致对其他叙事的压制，造成思想行为目标的模式化，妨碍思想的多元化。他同时认为，真理取消了他人的观点，意味着话语的霸权。这种漠视生活世界在教育活动中的基础性地位和教育活动的实践性，认为只能在科学领域对教育进行解读的教育理论，把教育描述为不受人的主观意志影响、外在于人之物，人在其中所起的只是像一面镜子一样如实反映其现象本身的作用，是教育的旁观者，于是，教育不再是一个自然的和关涉人自身成长的能动的活动，而是一个为了达到既定的体制目的而人为地预设的活动，其价值和功能被贬低。"规范从来只能掩盖真实而深刻的生活问题，却无法解决任何一个生活问题"①，预设的结果固然使我们获得了种种教育知识，构建了堂皇的教育理论体系，而这对于教育实践活动来说却是失效的。被从其产生的生活情境中剥离和抽象出来而成为一个独立的、自足之物的教育，其丰富性和多样性被单一化置换，其中只剩下了可供思辨推理的概念，人在其中被置于次要地位，正如福柯所指出的那样，理性概念成为权力的工具，造成了对非理性的压迫和集权。这是利用普遍性的旗号对个性的压抑和取消，以全人类的名义对个体的压抑和打击。这样的后果是，教育的实践性被遗忘，教育活动本身的创造性被漠视，教育认识远离教育智慧本身，教育存在的意义失落。

教育研究不可能完全依照预想的路径按部就班地进行，因为"行动者不是规则或规范的机械遵循者，而是'即席演奏家'，他们对于不同的环境所提供的机会与制约倾向性地做出反映"②。所以，开展教育研究的过程其实就是一个"即兴演奏"的过程，是根据教育实践的复杂性与丰富性随时进行调整与创造的过程。日常教育实践具有多重

---

①　赵汀阳：《论可能生活》，中国人民大学出版社2004年版，第71页。
②　［美］戴维·斯沃茨：《文化与权利：布尔迪厄的社会学》，陶东风译，上海译文出版社2006年版，第116页。

的不确定性，教育情境中的每一个行动者都具有自己的理性与反思能力，在特定的实践情境中，在与其他行动主体的交往互动中，其思想状况和行动选择充满了不确定的因素，这种多重不确定性并非封闭生产的教育研究所能完全把握的，这往往需要一种切身的观察与体悟。另外，个人的行为与教育实践是一种双向循环作用的关系，即日常教育实践往往难以规避各种意外的后果，个体的理性行动经过社会情境的分散与转化，有可能造成人们无法预测、甚至无法控制的后果，这种意外的后果也有可能会反过来对教育情境产生再生产的作用，而变化了的情境自身亦有可能反过来再对行动主体的行动产生反作用，从而造成意外后果的累积。① 这些更是强调模式化生产的教育研究所难以预见的。所以，无论是借助于理论所描述的教育实践，还是从历史的源流中解读出来的教育逻辑，或是通过已有的理论或信息而形成的教育理解，都无法取代日常生活中真实发生着的教育实践，教育研究必须关注日常生活，关注情境的变化。尽管封闭生产的教育研究有助于人们从整体上观察、把握教育活动，有利于增进人们对正在发生着的教育实践的理解，但毕竟无法全然替代由现场观察和切身体验参与真实教育实践所带给人的真实感受。

三　宏伟叙事与日常陈述交织

制作图式试图以一种理论关照所有的教育，使教育实践完全成为理论的镜像反映，这必将使专业化的教育研究成为一种宏伟叙事式的研究。以宏伟叙事的方式论述教育与生活，可以拓宽人观察的视域，进而从整体上把握教育，宜于作高屋建瓴式的分析。但在此种思维方式之下，生活往往容易被虚空化，被当成一个静止的、等待发现之物，从而失去流淌性，并不符合生活的特点，由此也不会寻获能够更好地促进人生长发展的路径。而且，从生命成长、发展的过程来说，生命感的获得是在点滴中形成并被感知的，教育要与其保持一致，一旦对教育的问题抓大放小，往往会蚁穴溃坝，损失的反而是人自己。

---

① 孙元涛：《教育学者介入实践：探究与论证》，重庆大学出版社 2009 年版，第 35 页。

进一步讲，这种思维方式看似是要从整体上论说教育，其实则窄化了生活，往往在宏大的预设下，疏漏掉实践中最为重要的东西，那就是生成与变化，如胡塞尔的生活世界理论在教育研究中的被实体化就是例证。生活世界不是一个能够按照理论逻辑以某种先验模式设计出来的理性整体，也不是一个柏拉图所谓的由"至善"理念所统率的、以"至善"为中心而形成的圆融一致的统一体，而是一个由既相互独立、又相互交错的各个面向和各个领域编织而成的"拼贴画"。生活世界的各个面向和各个领域之间具有相对独立性，都各有属于自己的不同的原则，不同的标准，不同的生成、实现途径，因而具有相对的"自律性"和"自主性"。因此，对于人的生活而言，找不到一个可以统率它们的普遍的、单一的、大全式的共同本质，不存在支配它们的普适性的、共同的"游戏规则"和"宏大叙事"，生活由分殊的"局部叙事"和"游戏规则"共同组成，因而不是一个绝对的、连续的整体。① 因此，生活世界本来是作为一个批判性概念被引入教育理论之中的，其目的在于帮助人们能够以不断审视生活、不断回望生活的方式发展教育理论，而宏伟叙事在教育研究中的泛滥，却使得生活世界从一个引导批判思维发生的概念变成了一个以物质的形式存在的实体，非但未能发挥出引导人不断面对生活本身的意图，反而成为教育研究中的另外一种制作图式，禁锢了人思维的发展。

此外，我国教育研究中兴起的教育观念，如"学生中心"、"素质教育"、"主体性教育"、"参与式教学"、"校本教研"等，都是基于实践的发展而提出的新的教育观点。这些教育观点生发于具体的教育行动之中，本来是作为一种日常的、生活的观点推介给教育者以更好地开展教育活动的，但在宏伟叙事的教育研究中，这些思想却往往容易被神圣化、模式化，结果使本来就发生在我们身边的，能被教师轻松掌握的教育思想和观念反而被说得玄之又玄，成为高高在上的"天上的教育"，成了一个纯粹的乌托邦，非但没能更好地促进教育活动的开展，反而使

---

① 贺来：《"边界意识"：当代哲学"和而不同"的哲学智慧》，《天津社会科学》2006 年第 4 期。

其沦落为口号式的教育而遭到实践者的拒斥。① 康德说，"灿烂星空耀我头顶，道德律令存我心中"，应该承认，宏伟叙事中蕴涵有某些我们应当心存敬畏的神圣性，在教育研究中，也有我们需要不断仰望的苍穹。但教育研究并不应该用"统一性的原理"、"总体性的法则"、"同一性的本质"等制作图式的方式建立一个条理分明的、易于掌控的教育世界，神圣性并不应当限制教育实践与日常生活发生联系，更不应成为一种人造的神话阻碍教育研究本身的发展。教育是一个神圣与世俗相交织的实践，这个实践存在于教育各式各样的形式之中，"当我们深思熟虑地考察自然界或人类历史或我们的精神活动的时候，首先呈现在我们眼前的，是一幅由种种联系和相互作用无穷无尽地交织起来的画面"②。作为社会的存在，教育必然与社会生活实践发生着密切的联系。在这种联系中，教育春风化雨般地对人产生着细致入微的影响，而宏伟叙事的教育研究则要撇开教育的众多联系妄谈教育理论，这种做法必然将引发教育学术传统的反抗。

---

　　① 现实中，由于表达上的诘屈聱牙、概念上的艰深晦涩、内容上的空洞乏味，使得一些专家的报告不仅不受中小学教师的欢迎，更使他们陷入混乱之中。如《湖南教育》编辑部的刘良初在其博客上痛斥"伪专家"之害，指出："我们的一些教育专家离开'田间地头'也久矣，他们早已洗净了双脚，穿上了皮鞋，关在房间里从事莫测高深的研究工作，而不知外面世界春夏秋冬、今夕何夕。尽管他们一年到头难以深入中小学校里一次两次，尽管他们并不知道我们的学生们、教师们在做什么、想什么，但由于这些专家们牢牢把握着话语权，他们依然在教育领域里的每一寸土地上指点江山，激扬文字。""那些闭门造车者左一个'发现'，右一个'发明'，东一个学说，西一个理念，弄得广大教师和学生不知所云，不知所措，不知不觉间走入了死胡同。更有甚者，一些所谓的教育专家弄出些语句艰涩，仿佛存心捉迷藏似的，让人看了莫明其妙，半天还不明就里、云里雾里的'大作'，洋洋洒洒数万言"，并指出，"教育需要的是植根于教学实践土壤的专家"、"教育需要的是有真知灼见的、敢于说真话的专家"、"教育需要的是虚怀若谷、勇于担当的专家"、"教育需要的是心无旁骛、志存高远的专家"。（http：//www. hnjy. com. cn/forum/home. php？mod＝space&uid＝864&do＝blog&id＝592）

　　② 参见 [德] 马克思、恩格斯《马克思恩格斯选集（第 4 卷）》，人民出版社 1995 年版，第 733 页。

第四节　教育研究形态的更迭

事实上，教育学术传统与制作图式间的冲撞是一种认识论之间的冲撞，这种冲撞的发生虽然增加了人们进行教育选择时的困难程度，却使得隐含在教育实践中的学术传统得以彰显出来，并对生活的延续与人的发展产生了积极的影响。这是因为，冲撞的发生为人们开展教育活动提供了界定与选择的机会，从而有利于教育思想的厘清与教育行为的纠正，而人们只有在两种力量的博弈中不断调整、不断适应，才能明白人类历史上为什么会出现形态各异的教育，才能懂得现代的教育和过去的教育有何差别，才能够预测未来的教育究竟会走向何方。此外，冲撞还有利于整合教育活动中的各种力量与变化，使教育的学术传统与规范的教育理论在同一时间、同一场合中共同出现，从而使教育实践中的种种不足有所暴露，为教育研究的发展提供可供穿行的裂隙。所以，历史地看，冲撞所产生的张力促使人们先后选择了不同的方式开展教育研究活动，以力求实现教育的生活探究价值。遗憾的是，以专业研究为起点的探索使现代教育研究并没有完全摆脱制作图式的影响，教育研究的专门化趋势并没有因为教育学术传统的显现而有所改变。这些探索毕竟拓宽了人们的视域，在创造了多样的教育研究形态的同时加剧了制作图式与教育学术传统之间的冲撞，使教育研究演进的过程并没有按照单线进化的序列发展，而是呈现出一种辩证的、曲折的、混合的运动过程。

一　哲学思辨的教育研究

早期的教育研究伴随着教育实践而开展，其主要内容是对教育经验进行总结、分类和归纳，并用明快、简要、直观的语言加以表述，使之尽量通俗且易被理解，这些"规范性信念、他人与本人的经验，对现状的解释和教育技术学上猜测的结果……混合在一起，就是教育理论最古老的形式"，① 其结果是形成了如循序渐进、因材施教、长善救失等一系列广为流传的教育原则和方法。毫无疑问，这些知识不仅具备高度概括的理论特征，更拥有易于操作的实践特质，其在实践者中的传播速度和受欢迎程度可想而知。然而，经验总结式的研究毕竟不能适应日益复杂的实践，时代的期许、现实的企盼与人类发展自身的愿望给教育提出了越来越多的要求，教育研究需要在表达上与内容上找到一条更具抽象性和概括性的学术路径来适应新的实践环境，于是，哲学思辨的教育研究应运而生。

在思辨中构建一个绝对完善的教育理论大厦用以指导教育实践，是古希腊以来具有高超思辨能力和完美理念追求的学者的理想。他们在理性主义哲学中获得启示，致力于具有所谓完整逻辑结构的教育理论体系的构建。伴随着知识分化和近代以来盛行的理性主义，建立一门具有完整逻辑体系和独立学科地位的教育学，以能够在科学阵营中为自己谋得一席之地的愿望萦绕在具有相当知识学观念和学科意识的学者头脑中。在他们看来，对教育的认识要同人的道德、德行、甚至整个人的完善与发展联系起来。如果断绝了与哲学的联系，教育研究就会使教育成为纯粹的技艺之学，而单纯的教学技术或技艺并没有独立存在的意义。于是，构建一个完美的、能够自圆其说的教育理论体系成为罗森克兰兹、那托尔普等人追求的目标，在他们的努力下，哲学母体的营养使体系化的教育研究不断见诸大学课堂，各种版本、各种体系的教育学教科书层出不穷。

哲学思辨的教育研究的出现巩固了专业化的教育研究的地位，但其脱胎于哲学研究的思辨性质使此类研究一开始就具有思辨与猜测的特点。这类研究往往从对教育性质的认定出发，经过对教育目的的澄清，来推衍出一整套有关教育方法、内容等的理论体系，从而力图对教育实践问题做出回答。不可否认的是，这类研究的确取得了丰富的成果，并对教育实践产生了重大的影响。但是，以思辨为主进行的教育研究活动，由于其视域的狭隘和手段的单一，大多流于理想化，容易剑走偏

---

① ［德］W. 布雷岑卡：《教育学知识的哲学——分析、批判、建议》，李其龙译，《教育研究》1996 年第 4 期。

锋，实用价值有限，如柏拉图对哲学王的构想和卢梭"自然人"概念的提出均属此列。他们要么从德行出发论证教育的立场，要么以自然界为参考描述一种"好教育"的状态。在这种论述中充盈着人对未来生活的无限向往和企盼，也寄托着人对教育的美好憧憬和希望。这类研究强调对教育问题进行哲学分析，或者把教育研究看作哲学研究的一部分，侧重于从理想的角度理解教育，并把教育看作促进人性的提升、实现灵魂转向的活动。但"哲学……的一切都是有争议的，任何一个表态都是个人信念的事情，都是学派见解的事情，都是'立场'的事情"①，哲学思辨使教育研究中夹杂了大量的主观因素，对教育的客观性和现实性则未多加考虑。此外，就多数研究而言（如中世纪以教会哲学为基础的教育研究和文艺复兴时期那些富有感染力，却流于空想的教育研究等），其浓郁的思辨气质和狭隘的观察视角，使得研究趋向神学化，对现实的关照有限。在此基础上，教育研究"去魅"的心态不断得到强化，与实践者之间的隔阂开始扩大。近代以来，虽然经由康德等人的努力，教育研究终于形成了以伦理学为基础的、无论在体系上还是在观点上都臻于完善的教育理论体系，但却使教育研究越来越呈现出一种宏伟叙事的特点。事实上，完善的理论体系也许有助于教育研究的发展，但宏大空泛的内容必定不利于实践者对教育研究的认可。在宏伟叙事式的教育研究中，研究者的"自呓自语"和"痴人梦话"使教育理论变得玄而又玄，读之使人如坠云雾之中，而这种"自得其乐"式的学术导向也终于让教育研究陷入脱离实践与备受指责的怪圈之中，未能实现人们寻找一种一劳永逸解决教育问题的理论而开展此种研究的初衷。

二　科学实证的教育研究

自 17 世纪始，在培根、笛卡儿等人的努力下，实验归纳和系统怀疑的方法被引入哲学研究之中，从而掀起了一股经验主义和理性主义的风潮。而后，经由理性主义者在知识论高度上对经验论与唯理论的调和，科学理性的观念开始深入人心，在自然观念的强势进逼前，古典的思辨哲学呈现出节节退让之势，尤其是伴随着孔德实证主义的出现，学

---

① ［德］胡塞尔：《哲学作为严格的科学》，倪梁康译，商务印书馆 2002 年版，第 3 页。

术研究开始由强调体系、注重意义探寻的哲学研究向注重精确、强调实用性和可检验性的实证研究转变。总的来说，"这个时代是一个科学的时代，科学正在把自己本身和自己的应用扩展于整个世界"，① 在这样的时代背景下，人们尝试使用科学分析的手段来使教育研究通向真实的世界，帮助人从与世界的关系而不是与理念的关系出发认识教育，从而力求掌握教育世界运行的法则来满足他们强烈的好奇心与求知欲，并在活动中投射出自己的心智状态，使逻辑与经验保持一致，自然就是情理之中的事。

科学化的教育研究的高潮出现在 19 世纪，"正好与科学和技术的进步并最终导致科学主义的极端在时间上相吻合"②。1806 年，赫尔巴特在其《普通教育学》中表达了要使教育研究实现科学化这一信念，并指出，"教育学是教育者自身所需要的一门科学"③，开启了教育研究科学化的先河。赫尔巴特的教育科学以实践哲学和心理学为基础。他所谓的"实践哲学"与形而上学、逻辑学相对，是一种实在论的哲学，强调用科学的尤其是自然科学的方法进行研究，由此，他提出了著名的"四段教学法"，并建立了一种以实在论的教育目的为基本导向的严密的教育学体系。尽管赫尔巴特教育理论还带有强烈的哲学思辨色彩，但它的出现确实使教育研究范式发生了变化，科学和理性的观念被引入教育研究，表达了教育研究者希望能够用一种自然科学的方式来重构教育学体系，从而走出哲学思辨圈子、使教育学规范化的愿望。赫尔巴特以后，其学说经由戚勒、斯托因等人和一些英美学者的发展与推广，在世界范围内产生了重大的影响，这就为现代教育科学的产生，为教育学研究的进一步科学化准备了条件。

随着实证主义的兴盛，更多的学者开始将科学方法引入教育研究，如德国的贝内克主张通过运用自然科学研究方法建立一种经验系统的教

---

① ［德］伽达默尔：《科学时代的理性》，薛华等译，国际文化出版公司 1988 年版，第 1 页。

② 刘世明：《论教育学的人本性和科学性——关于教育学理论品性的思考》，《高等教育研究》2004 年第 4 期。

③ ［德］赫尔巴特：《普通教育学·教育学讲授纲要》，李其龙译，人民教育出版社 1989 年版，第 11 页。

育学，以改变传统的哲学思辨对教育学研究的影响，使教育研究成为真正意义上的实证科学，这个愿望在斯宾塞那里得到了实现。斯宾塞确立了"科学知识最有价值"的知识观，主张教育要为"完满生活"做准备，并以此构建了一个以科学知识为中心的课程论体系，提出了一整套科学教育的理论，从而引起了广泛深刻的教育革命。自斯宾塞之后，教育研究真正开始走上实证之路。到 1907 年，拉伊《实验教育学》的出版标志着教育研究的实证化大获成功。自此，在教育实验学的推动下，实验方法引入教育研究领域，克服以往教育理论研究中的思辨加例证式的固有缺陷，形成了注重定量、追究原因的教育实验的基本形式，并获得了广泛的推崇。

概括地说，"科学研究根本的共同之处在于其使用严密计划的观察方法和严谨的设计，并通过实际数据去测试某些猜测或正式的假设，其结果需要得到同行审查……科学的长远目标主要是产生稳定的、能概括'事实'和细节的理论"。[1] 教育研究的科学化构思，其主要结果就是产生了以实证方法为基准、以量化分析为导向、以问题解决为旨归的教育实证研究。这种研究模式在一定程度上实现了制作图式的目标，促使现实的教育取得巨大进步。尤其是在生产与制造压倒一切的工业社会中，实证化的教育研究因其目的指向的明确、方法措施的得力和实际效果的明显而备受好评，自此，教育研究更加趋向于投入科学的怀抱，并开始坚定地以科学规范来要求自身。

可以看到，科学化的教育研究以其精准的表达方式给人们带来诸多便利。第一，它帮助教育研究摆脱了过去那种"众说纷纭"的状态，使教育理论的表达有了规范的模式和体系；第二，它使得教育活动变得"有章可循"，现实的教育在科学教育学的指导下，效率和效果均得到了极大的提高与改善；第三，科学化使教育研究更具规范性和操作性，帮助教育学进入大学成为一门被专门研究的学问，取得了与其他学科相"抗衡"的资格。与此同时，由于套用自然科学研究范式，教育研究也呈现出了僵化和刻板的色彩，在研究内容和旨趣上开始失去其初衷，成

---

① ［美］国家研究理事会：《教育的科学研究》，曹晓南等译，教育科学出版社 2006 年版，第 48 页。

为一种具有严格认受性的学科规训，极大地伤害了学术研究的生活意蕴。"过分的注重教育学所谓的科学色彩，就必然会漠视教育学本应具有的人文属性和教育学居以成长的实践性，表现出一种'去生活化'的倾向"①，即是说，科学规定了人生存的样态和目的导向，却剥离了实践中生活世界的文化价值特性，这就"预示了启蒙之后的科学所带来的物质繁荣和科学对人的生活世界的遮蔽的危机"②。

事实上，教育研究的科学化源于人试图将人与教育世界关系确定化的意图。因此，它在研究人的同时也在研究教育世界，因为没有教育世界，人就无法理解自己的教育存在。所以教育研究的科学取向不过是教育世界以人为镜的反映，是以科学的手段"克服了人们在自己面前和在自然面前的不安全感"③ 的一种尝试。不可否认的是，科学以其精准的表达确实能够完美地诠释某种教育学理论的体系，但问题在于，在科学的表达中，由于过分地强调因果必然性，往往容易失却教育学所应具备的启示性。"教育的过程，不仅是科学的过程，还是一个人文的过程，或者说，是一个文化的过程"④，"教育学的文本应当具备一种启发灵感的品质和某种叙述的结构来激发批判性的反思和产生顿悟的可能性。从而使人在道德直觉上形成个人品质"⑤。因此，教育研究在操作上可以是科学式的，但其研究取向必须是一个富于人性和使人具有人性的过程。通过教育研究，能够使我们全面认识人的本质属性，能更充分地展示人对其自身存在与发展的终极追求。如果说，科学需要的是对象化的主客体对立，那么人文需要的就是主体对于客体的投入和二者的一体化。因此，教育研究不是冷冰冰的科学考察，而是一种用热情去感受生活的方式。教育研究必须关怀鲜活的生命与生活，只有这样，才能够保障人和教育本身导向灵魂的觉醒与自身的富足，同时，强调教育研究的

---

① 谢武纪、张国平：《"神话"与"人话"——教育学知识论危机的反思》，《湖北民族学院学报》（哲学社会科学版）2005 年第 6 期。

② 金生鈜：《德性与教化》，湖南大学出版社 2003 年版，第 5 页。

③ ［德］爱因斯坦：《爱因斯坦文集》（第 3 卷），许良英等编译，商务印书馆 1979 年版，第 137 页。

④ 胡德海：《教育学原理》，甘肃教育出版社 1998 年版，第 17 页。

⑤ ［加］马克斯·范梅南：《教学机智——教育智慧的意蕴》，教育科学出版社 2001 年版，第 14 页。

科学化也并不能剥夺生活探究的人文关怀本质，实际上，教育研究当以其严密的论理性来更好地关照教育实践，这才是人们研究教育或构建教育理论的本意。杜威说："教育是一个包括科学在内的活动"，① 但科学化的教育研究却企图用科学完全覆盖教育，这必然将造成教育中的本末倒置，致使教育研究中种种问题的出现。

三　教育研究的困境与学科化

可以看到，教育研究形态的更迭拓宽了人们的视域，推动了教育活动的发展，使得人们在专业研究的模式下开始不断追问教育研究的本意之所在。但长期以来的范式转换也给教育研究自身的发展带来了诸如实践者不信任、学术同行不认可和自身内部争吵不断等问题，在近代以来出现的学科制度中，这些问题之于教育研究本身的存在与发展是致命的，因此，为了使教育研究能够在学科之林中谋得一席之地，更为了让教育学者寻得安身立命之所，人们在转换教育研究形态的过程中，选择了将教育研究打造成一门专业学科的方式来试图解决这些问题。遗憾的是，学科化的努力非但没有解决上述问题，反而将教育研究纳入新的制作图式之中。

（一）专业化的困境

实践者不信任。研究源于问题，而问题来自实践，因此，问题解决是任何研究的首要目的。问题解决包括两个方面的内容，一是理论上的解决，二是现实中的解决，一种研究只有在这两个方面对问题做出解释并取得成效，才能获得实践者的信任，并以此长久地存在下去。教育研究一直在追求着理论对实践的关照，但随着时代的发展，实践者加诸教育研究的信任非但没能增加，反而呈现出越来越少的趋势。这是因为，不管是在哲学思辨的教育研究，还是科学实证的教育研究中，人们更多地关注知识而不是实践本身，研究者也不再成为实践的参与者，而成了理论的"专家"，他们要么只关心理论的架构，要么只关心数据的统计与分析，其面对的都是抽象而非真实的教育世界，虽然生产出大批的理

---

① ［美］约翰·杜威：《杜威教育论著选》，赵祥麟、王承绪编译，华东师范大学出版社1981 年版，第 287 页。

论，却把自己锁在了精美而孤单的象牙塔中。这种漠视实践、脱离实践的教育研究表现出一种"去生活化"的倾向，即片面地追求了教育研究的"'体系化'和'结构化'，使得教育被静态化和符号化，无以对丰富多彩的教育实践和教育生活做出令人满意的解读，更不要说去'指导'教育实践。此时，它只倾心于如何使教育更加'科学'，更加符合某种'人工逻辑'而不是教育本身的自然法则"①，自然会遭遇实践者的抵制。

学术同行不认可。对任何一种研究而言，原创性是其安身立命的根本所在，一味地模仿、借鉴其他学科的研究方式会造成教育研究中原创性的缺失，这不仅引发了其他学术同行对它的质疑，还导致了教育界自身对教育研究的迷惑，"无论在国内还是国外，教育学是否是一门学科或'科学'都尚存争议，不断地有学者站出来或话说'教育学的迷惘和迷惘的教育学'或要'终结'教育学，更有从事教育学研究一辈子的学者'不保晚节'，私下里或公开在课堂上否认教育学是一门学科"，② 这无疑是一件可悲的事情。具体来说，学术界对教育研究的不认可表现在如下几个方面。

第一，教育研究对象的"共享性"。同其他学科不同，教育研究的对象似乎并不"专属"于教育研究，而是与社会学研究、心理学研究、生物学研究、经济学研究等其他学科共同分享教育现象这一"蛋糕"。对象的重叠在研究中本是司空见惯的事情，但就教育研究来说，相对弱小的解释力使它不能够在对同一问题的解释上获得比其他研究更多的权威性，因而受到学术界的轻视便在所难免。

第二，研究性质模糊。主要包括词语含义的模糊、概念关系陈述的模糊、由判断性质不明确导致的内容模糊等。词语含义的模糊是指，教育研究的语言表达中存在着不精准的现象，多义词、玄奥术语等的大量使用往往使教育研究呈现出抽象、难懂和晦涩的特点；概念关系陈述的模糊是指，教育研究尽力想要呈现出教育内部错综复杂的联系，但却往往出现"东一榔头，西一棒子"的结果，线索不清晰，重点也不突出；

---

① 刘旭东：《教育学的困境与生机》，《教育研究》2005 年第 11 期。
② 巴战龙：《教育学的尴尬》，《读书》2003 年第 10 期。

内容的模糊是指，由于晦涩的表达和凌乱的线索，教育研究的内容往往不够确定，有种"丈二和尚摸不着头脑"的感觉。由于理论的模糊，教育研究的性质一直无法得到澄清，"没有人对'什么是教育理论'有一个清晰的认识，直到最近为止，也没有什么人有足够的信心，对需要人们去发掘的教育理论的重要意义，有明确的认识"①，这严重地影响了教育研究所应具有的学术地位，"于是，教育学在林立的学科群中，几乎成为不设防的领地。教育学忙于到处伸手，'占领'其他学科的材料，恰恰忘记了自卫，到头来反成为其他学科的俘虏"②，从而失去了与其他学科平等对话的资格。

　　第三，教育研究方法的从属性。作为工具的方法在各项研究中具有通用性，但这并不影响特定的方法带有特定的学科烙印，如实验法和测量法更多地带有自然科学的性质，而归纳和演绎的方法则呈现出社会人文学科的特点。对教育研究来说，研究对象和学科性质的模糊，使其很难生发出带有自身特点的方法，而现实的需要又迫使她不得不借鉴其他学科中成熟的方法，因而，教育研究在方法上总有种"拾人牙慧"的感觉。现代学科制度以方法的成熟程度决定研究的成熟程度，教育研究中原创方法的缺失和对其他学科方法的大量借鉴，加剧了教育研究的被殖民化，学术界称其为"次等学科"③便不足为怪了。

　　教育研究者相互攻讦。观点的争鸣是研究得以发展的重要动力，俗语所谓"真理越辩越明"说的即是这一道理。同其他研究一样，教育研究中同样存在着大量的争论，不同之处在于，其他研究中的争论对其本身起到了"越辩越明"的效果，而教育研究中的论争反令人有种"越辩越乱"的感觉，如关于教育目的、教育本质的辩论即属此列。导致这种现象的原因包括两个方面。首先，与其他研究，尤其是自然科学研究"就事不就人"的争论相比，教育研究中的争论更多地呈现出"就人不就事"的特点。科学研究的重点放在现象本身，着重于寻找规律性的认识和总括性的答案，而教育研究除对教育现象本身进行分析

---

① 陈桂生：《"教育学视界"辨析》，华东师范大学出版社1999年版，第428页。

② 陈桂生：《教育学的建构》，华东师范大学出版社2009年版，第37页。

③ ［美］华勒斯坦等：《学科·知识·权力》，刘健芝等编译，生活·读书·新知三联书店1999年版，第43页。

外，更强调其研究结果对人发展的影响。因此，与这些研究能够"就事"形成确定和统一的结果相比，教育研究的结果往往呈现出模糊散乱的特点。所以，其他研究倾向于对研究结论的有效性进行辨析，而教育研究争论的重点放在如何研究的方式上。前者注重结果，后者注重过程。其次，秉承"价值中立"原则的研究，因其分析过程的理性化，容易在结论上达成一致的意见，以价值判断为基础的教育研究，则难以在某一问题上形成统一的观点。所以，"当教育研究走向专业化的时候，教育研究被非教育研究工作者所轻视；当教育研究走向学科化的时候，教育研究被寻求教育实践灵丹妙药的学生所回避"①。教育研究者的相互攻讦使得"他们没能开发出一种有效的理论框架，只有在这样的理论框架下才能开展可靠的研究以支持教育理解和教育实践"②，因而，针锋相对的争论非但未能引发教育研究的兴盛，反而在一定程度上阻碍了它的发展。

（二）学科化的选择

为了解决现实中的困境，也为了给自身找到安身立命之所，教育研究者不能继续容忍形态的更迭以及由此带来的影响，他们必须要找到一条对外既能够确保教育研究的学术地位，为自身存在的合理性进行辩护，对内也能够平息争吵，从而巩固研究共同体的学术方式，以化解教育研究所面临的困境。于是，把教育研究纳入现代学科制度就成为教育研究者们一致的诉求。

第一，学科是相对独立的知识体系，"称一门知识为学科，即有严格和具认受性的蕴义"③，这就要求必须找到一种被普遍认可的标准。这个标准"要有特殊的对象；要有完整的理论体系；要有公认的专门术语和方法论；要有代表性的人物和经典著作"，④ 也就是说，教育研究

---

① ［美］埃伦·康德利夫·拉格曼：《一门捉摸不定的科学：困扰不断的教育研究的历史》，花海燕等译，教育科学出版社 2006 年版，第 179 页。

② ［英］理查德·普林：《教育研究的哲学》，李伟译，北京师范大学出版社 2008 年版，第 3 页。

③ ［美］华勒斯坦等：《学科·知识·权力》，刘健芝等编译，生活·读书·新知三联书店 1999 年版，第 14 页。

④ 王建华：《高等教育学的演进——学科制度的视角》，《清华大学教育研究》2003 年第 1 期。

要成为一门学科，就必须要形成自己的思想体系，甚至是"学科堡垒"，从而确立它的规范与准则，建立起所谓"学科制度"。为了使教育研究成为一门学科，教育研究者首先要为教育研究确定明确的研究对象。但不管是哲学思辨的教育研究，还是科学实证的教育研究，都未能明确规定教育研究的对象，这一问题也就在以"研究'教育问题'、'教育现象'或者'教育规律'的一门学科"等解释的规定中被模糊化处理。事实上，确立研究对象的做法实际上是要为教育研究划定范围，设立边界，这种做法在防止其他学科越界研究教育问题的同时，也妨碍了教育研究深入更为丰富与复杂的生活中去。

第二，引入"价值中立"的认识论，使教育研究的判断趋于客观化。这一做法在学科实证的教育研究中体现得最为成功。当量化统计的方法被引入教育研究后，研究者的视野得到了极大的拓展，并在一定程度上克服了传统思辨研究语焉不详、体系散乱的缺点，且突出了方法意识，深化了教育研究的整体范式。在这个过程中，人们普遍相信"理论可以指导实践"的命题，力图使教育研究与教育实际之间建立起标准的一对一的关系，即教育实际中有什么问题出现，马上便可以在教育学理论中找到相应的解决办法。事实上，在大多数情况下，科学的教育学也确实做到了这一点，这使得教育研究者们沾沾自喜，并坚定不移地相信，只有科学的教育研究才是最完美的。自此，教育研究中的科学方法意识逐步强化，并逐渐演变为强调以寻找教育学的逻辑体系、思想体系，并担当一定的社会生产意义的活动。在自然科学方法的推动下，教育研究逐渐成为一种专门解释教育现象和进行教育操作的可控性技术，其实用效应在不断加强，但蕴含着的人文关怀却逐步消散，教育被解析为一个个的要素或部分，人和人的生活被变成一种诸多要素的堆积，失去了它的丰富性和个别性，成为纯粹理智的、干瘪的东西。在现代化进程中，教育研究从纯粹哲学思辨的极端又走向纯粹科学实证的误区。

第三，构建系统的、逻辑的知识体系。构建知识体系一直是教育研究的诉求，尤其是自培根在《学术的进展》中勾勒出人类的知识谱系后，人们关于形成系统的教育理论，以便使教育研究成为一门真正学科的愿望变得更为强烈起来，这即是促使康德、罗森克兰兹等人建构教育知识体系的初衷。客观地讲，哲学思辨的教育研究在构建理论体系方面确实取得了相当的成就，遗憾的是，过多地关注于理论体系的构建，使教育研究成为脱离现实的"玄学"，与实践越来越远。事实上，教育研究要成为一门学科规训，并不是构建一个体系、框架这么简单，尽管这个体系和框架确实为教育的实施提供了强有力的说明。但我们并不能止步于体系本身，而是要把它看作是促进人的发展的一种手段，即通过学科规训最终要使人增加力量、获得发展，这才是构建教育学科体系的初衷，也是教育理论的旨趣所在。因此，即便我们理解学科规训是要形成一种教育的"思想体系"，这种思想体系也应是开放的，而非封闭的；是建构的，而非静态的。今天的教育理论显然在这一点上力所未及，所以，现代教育研究的危机"不是人们通常所认为的——它还不够科学的问题，而在于其把自身确立为教育学的唯一形式"①，在于将学科规训的教育理论作为其唯一的表达形式。强调将学科规训看作是教育理论的唯一表达形式，必然是不顾教育研究的学术传统而对它的固化。

　　总的来说，学科制度的建立提高了教育活动的效率，使其由以前的模糊状态转向系统化和精细化，教育研究有了清晰的目标、方法、规范和流程。与此同时，它派生出两个后果：一是在技术理性的遮蔽下，教育活动失去了生活性、完整性与超越性，表现为生活被拆分为一个个具体的行为目标，一项教育活动只针对生活中的一项事物展开，教育活动成了一次次具体的操作；二是科学世界在教育领域中势力的极大提升挤压了人的生活世界，致使在教育活动中，对知识和规范的关注超过了对生活和意义的关注，研究与人生割裂。客观地讲，学科化的出现极大地促进了研究者、教育管理者们系统、完整地从事知识创造、知识传递和管理活动，由此带来的负面后果是教育活动成为仅仅是达成学科目的的活动，失去了对人生和生活的关注，教育活动的旨趣与生活偏离，教育行为扭曲，教育学术传统与制作图式的冲撞所产生的张力重新被学科规训制度溶解，教育研究再次被纳入新的图式中。此外，学科化的教育研究试图以自身的逻辑体系去解说甚至规定教育实践活动，这种研究认为教育现象及教育规律只是被动地等待被认识之物，而教育研究的任务则在于发现教育现象中的诸种属性和规律，功能就是提供关于教育的技术

----

① 康永久：《回归生活世界的教育学》，《教育研究》2008 年第 6 期。

和知识。这种寻找大一统教育学科体系的思维方式以利益取向置换了教育的内在反思自省性，过于着重寻找教育理论的逻辑体系，致使教育的理想蜕变为目标，结果是教育研究离教育实践越来越远，不仅无力解说丰富多彩的教育实践，同时也难以指导教育实践活动。正如维特根斯坦所说，"因为似乎有关逻辑的东西有一种特殊的深度——一种普遍的意义。似乎逻辑置于一切科学的基础——因为逻辑探索的是一切事物的本质，它探求的是事物的基础，而对实际发生的是这还是那毫不关心——它的产生不是因为对自然事实有兴趣，也不是由于需要掌握因果关系；而是出自想理解一切经验事物的基础或本质的热望"①。学科规训的教育研究因为过分地强调了逻辑性，反而忽略了逻辑背后的"理解的热望"，忽略了教育的学术传统，造成了教育研究的僵化和刻板，使得教育成为一门纯粹的"人为"的学科规训，失去了它的为人性和超越性。

第五节　对教育研究人文传统的回望

以学科化的方式终结长期以来教育研究形态转换，从而建立一种稳定的、被人们普遍认可的教育研究的努力并没有获得成功，反而在一定程度上加深了教育研究的专业化危机，这一度使研究者丧失信心。然而研究的停滞并不代表实践的停滞，历史地看，教育研究的发展并没有因为人们的选择而呈现出线性化的势态，相反，不管在何种时代，不管主流的教育思想如何，实践中总能够看到从对人的共同关注出发，强调回归人性，关注人的独立地位与主体地位，竭力证实人自身力量的人文传统的存在，这种现象乃是教育学术传统存在的证据，并促使教育研究不断走向实践。

在文艺复兴时代，整个社会上都洋溢着对人的颂扬和人性的赞美。如莎士比亚就曾热情地说："人是一件多么了不起的杰作！多么高贵的理性！多么伟大的力量！多么优美的仪表！多么文雅的举动！在行动上

---

① ［英］路德维希·维特根斯坦：《哲学研究》，汤潮、范光棣译，生活·读书·新知三联书店1992年版，第59页。

多么像一个天使！宇宙的精华！万物的灵长！"① 这些对人的本性和力量的赞美消除了人生在世的无力感，强调回归人生、尊重人生，使人感受到自己从本性上就具有无限的力量，人生的过程和活动就是要展现这种力量。同时，人文主义还强调在人的生命行程中应该拥有平等、自由和博爱。首先，人天生平等，人不应该凭借任何外在的东西来支撑自己，而要凭借自身的努力获得自我价值。但丁认为，人的高贵并不是由出生门第，而是由自己的优良品德决定的。薄伽丘也曾说过："我们人类是天生一律平等的，只有德才是区分人类的标准，那发挥大德大才的人才当得起一个'贵'，否则就只能算是贱，这条最基本的法律被世俗的谬见所掩盖了。"② 人文主义者把平等作为人的天生本性，并重视品德在追求平等中的价值，这种平等意识的提出能够更好地促进人们之间沟通与对话的发生。平等意识能够产生自由意志。如但丁就曾经认为自由意志是上天的馈赠。自由意志只有在人不把自己的一切都托付给外在的主宰者，而是自己为自己设计、规划人生时才能成为本质意义的自由，才是真正人性的体现。若要获得这种自由，人必然要敢于突破一切障碍，积极主动地进行探索，才能创造出尽可能多的未来。人文主义者们的呼吁重新唤起了人们对教育生活意义的思考，这种通过对自由平等的强调与呼唤，证明人能够依靠自身力量生长发展、创造未来，从而构建全新的生活方式，以实现人生价值的思想在科学实证的时代仍然延续，并成为文化教育学、人本主义教育思想的理论源泉。

伴随着科学化的教育研究大行其道，人们越来越认识到，科学的发展换来了物质的繁荣和生产的便利，但繁荣与便利的背后是精神的陨落，因此，教育研究不应用科学的理智机械地对待一切事物，而应用生命的本能去寻获灵魂的富足和精神的愉悦，进而为幸福生活创造可能。于是，在教育科学研究高歌猛进的同时，强调关怀和价值，富有历史感、文化感和存在感的研究取向也逐渐从教育实践中生发出来，并在欧洲和美国分别形成了以关注人的发展、关注历史文化为研究旨趣的文化教育学、人本主义的教育理论和批判教育学等一系列新兴的学科。

---

① 转引自郭元祥《生活与教育——回归生活世界的基础教育论纲》，华中师范大学出版社 2002 年版，第 54 页。

② 同上。

以狄尔泰、斯普朗格为代表的文化教育学派主张人是一种文化的存在，人类历史是一种文化的历史，他们从当时的社会问题、文化氛围、教育危机的现实出发，反对将人片面化、畸形化的做法，力图纠正工业文明带来的对人异化的不良后果，要求人重新回到重视身心全面发展的生活中去，从而将教育看成是回到内在心灵生活、张扬个体精神世界的最佳道路。在他们看来，教育过程就是一种历史文化的过程，所以，教育研究必须采用精神科学或文化科学的方法，并促使社会历史的客观文化向个体的主观文化的转变，从而将个体的主观世界引导向博大的客观文化世界，培养完整的人格。他们把教育上升到人的哲学高度，将教育的本质与人的本质、教育前景与社会发展前景联系起来，认为教育的本质就是人的总体的生成、知情意全面发展的、总体生命的动态生成，从而提出了一些特有的基本范畴，如体验、理解、陶冶、唤醒等来解释教育教学现象及其规律。[1] 而以存在主义为立场的人本化教育理论的目的在于人的自我实现、完美人性的形成和达到人所能及的最高的境界，即是说，教育要完成"人对人的主体间灵肉交流活动（尤其老一代对年轻一代），包括知识内容的传授、生命内涵的领悟、意志行为的规范，并通过文化传递功能，将文化遗产教给年轻一代，使他们自由地生成，并启迪其天性"。[2] 批判教育学则认为，教育研究不能采取唯科学主义的态度和方法，而要采用实践批判的态度和方法，其目的在于揭示看似自然事实背后的利益关系，帮助教师和学生对自己所处的教育环境及形成教育环境的诸多因素敏感起来，即对他们进行"启蒙"，以达到意识"解放"的目的，从而积极地寻找克服教育及社会不平等和不公正的策略。

虽然文化教育学等教育思想开辟了新的教育研究路径，但它们也存在着明显的不足。第一，先天的缺陷。大多数人文式的教育研究在其理论基础上仍存在着简单借鉴、搬运其他学科的嫌疑，致使其根基显得薄弱，教育研究的学术处境仍然堪忧。第二，由于缺乏统一的标准，相对于教育科学研究来说，人文式的教育研究内部争吵不断，共识甚少，严

---

① 邹进：《现代德国文化教育学》，山西教育出版社1993年版，第172—199页。

② ［德］卡尔·雅斯贝尔斯：《什么是教育》，邹进译，生活·读书·新知三联书店1991年版，第3页。

重影响教育研究的健康稳定发展。第三，宏大叙事式的教育研究居多，对生发于具体教育实践和情境中的问题显得不够关注。即便如此，文化教育学等教育思想的出现仍然反映出教育研究中人文传统的延续，在新的时代背景中，它们的出现更起到了深化教育理解、扩大教育认识的作用。首先，它们对在科学背景下被压缩了的教育目的进行了还原，认为"科学不是用来决定教育目的的。事实上，科学能决定社会中儿童和成人欲求什么；但科学不能决定他们'应该'欲求什么"①。精神世界的向往和追求被重新纳入教育研究的视野之中。其次，确定性的教育研究思维被打破，对可能性的关注成为教育研究中的重点。教育是一种源自生活的实践活动，其多样的可能性与发展的生成性并不能以实验和总结规律的方式来加以把握，因而，教育的确应当关照现实，但更应展望未来。最后，教育研究由制订教育的"操作手册"转为规划教育的"设计蓝图"，教育研究中的学术传统重新得到关注，前提预设式的教育研究开始向生成建构的研究模式发展，并生发出以实践为方向的研究思潮。

概言之，在时代的发展进步中，制作图式曾一度渗透到人类生活的方方面面，并以改变社会生产方式为手段，为人们过上稳定、有序的生活提供了物质基础。然而物质丰裕的同时人类对生活的探究仍在继续，为了寻求更加美好的生活，为了获得进一步的发展，人们依旧在不断探索未知、追求发展、寻找着增长自身力量、发掘自身潜能的方法。正因如此，虽然教育研究曾经陷入专业化的困境，但关注人的现实生存状态、关注个体的独特性格，并以此寻找符合人性与人的尊严的做法作为一种传统仍然延续下来，成为滋养教育研究走向实践的养料。

---

① 瞿葆奎主编：《教育学文集》（第 4 卷），人民教育出版社 1989 年版，第 414 页。

第四章

实践诉求与教育研究的学术转向

教育研究的目的不在"研究",而在"教育"本身。以学科化的方式构建教育研究,固然能够为这门学问在现代学术殿堂求得一席之地,但以研究的专业性取代研究的"教育"性,则容易降低生活的延续和人的发展在教育研究中的价值序列,从而改变教育的生活探究属性。教育与生活探究同构,生活的延续和人的生长不应该成为教育中任何人为目的的附属物,因此,如果"到教育以外,从已具有科学尊严的一些材料中寻求问题的答案,可能导致目前的舒适或片刻的效率。但是,这种寻求是弃职,是投降……是抑制生长,它阻碍作为一切进步的最终源泉的思维活动"①,这即是说,提升教育研究的学术地位,并不是要以改变其本体属性的方式来换取其他学科的认同,更不是以人为的选择替代教育实践的诉求,使教育研究成为一门为理论所需要的,而不是为生活所需要的学科。相反,如若以单纯模仿的方式换得教育研究一时的发展,最终的结果也只能是阻碍教育研究自身的进步。教育研究的"根"在于实践,在于生活,如果抛开这一点进行研究活动,这种研究必定不会是"教育"的,纵然人们立志于以此解决现实的教育问题,它也会因为没有内生的实践关怀而流于浮表,成为一种无涉生活的研究,更勿论维护自身的学术尊严。当教育研究成为一种按照人造的规范而不是遵循实践的逻辑进行的社会活动时,虽然在一定程度上能够迎合现实的需要,却势必会遭遇生活的拒斥,教育研究如果仅在理论上说明教育的可能性,而不在实践中践行教育的可能性,此种理论也无法实现对实践的

① [美] 约翰·杜威:《教育科学的资料来源》,张永译,转引自叶澜主编《立场(生命·实践教育学论丛第二辑)》,广西师范大学出版社 2008 年版,第 298 页。

关照。实际上，"除了通过继续教育的行动本身，没有方法发现什么是'更具有真实的教育意义'"，"教育在本质上是一个无止境的圆形或者螺旋形的东西。教育是一种包括科学在内的活动。正是在教育过程中，提出了更多的问题以便进一步研究，这些问题又反映到教育过程中去，进一步改变教育的过程，因此又要求更多的思想、更多的科学，循环往复以致无穷"[①]，教育研究若要真正摆脱孱弱的生存现状，并实现生活的目的，就必须从切实关注人的成长与发展这一目的出发，走上一条以实践为立场和出发点的道路。

第一节　教育研究走向实践的前提性论证

研究活动的开展需要前提批判，因为只有从认识上了解了开展此项研究的来龙去脉，才能理出适合此项研究的恰当路径。传统的教育研究要么从先验的哲学概念出发进行演绎，要么照单移植其他学科的研究方法，严重缺乏前提批判的色彩，因此，当教育研究走向实践时，我们不能再继续沿用以前照单全收，不加分辨的做法，尤其是当走向实践已然成为教育研究的时代潮流之时，顺应时代的转型当然是具有敏锐学术嗅觉的研究者的合理行动，但加入时代的洪流并不影响我们对这一趋势进行认识上的、立场上的分析，相反，在如火如荼的事实面前，我们更加需要保持一种学术上的警醒，更加需要追问教育研究为何要走向实践以及走向何种实践的问题。对教育研究的这一趋势做一前提批判，才能防止教育研究再次陷入由某种图式驱动的怪圈中，成为一种仅有"实践"之名、却无关教育实践之实的制作活动。

从表面上看，教育研究的专业化困境与学科化危机是促使教育研究不得不发生转向的直接原因，而走向实践就成了人们在这种背景下所进行的选择结果。诚然，尽管教育研究在发展的过程中屡受指责，甚至"终结"教育研究的呼声也曾四起，但我们仍然需要教育研究来获得有

---

①　[美] 约翰·杜威：《教育科学的资料来源》，张永译，转引自叶澜主编《立场（生命·实践教育学论丛第二辑）》，广西师范大学出版社 2008 年版，第 298 页。

关教育的认识，而且，教育者也需要一种合理的教育研究来推动教育活动更好地发展。所以，困境与危机的存在并不能成为可以取消教育研究的理由，我们也很难抛开人的生活另辟蹊径，新建一门可以完全取代教育研究的学问。如果想要使教育研究作为一项不可或缺的社会实践活动继续存在、发展下去，就必须从陷教育研究以困境与危机的最大问题——理论难以满足实践需要的问题——入手来为教育研究寻得一条恰当的出路，基于此，教育研究不能再继续沿用理论研究的路子，而应当走到实践中去。这样的解释平面直观、也似乎合情合理，因而，在讨论现代教育研究的学术走向问题时，这一前提几乎成为一种无须论证的事实。

然而，如果以此种解释作为教育研究为何要转向实践而不是转向其他方向、立场的全部理由，在认识上有以偏概全之嫌，在内容上更显软弱无力，甚至非常牵强。这是因为，如果把走向实践的教育研究看作是对脱离实践的教育研究的补偿性说明，就会以简单的"刺激—反应"式的机械论思维来理解这一变化，同时，按照此种理解所进行的实践研究，除了导致更加强调技术化的、操作性的实证研究外，并不能解决教育研究中诸如缺乏人文关怀、难以贴近生活等问题，更有甚者，把实践的教育研究视为理论的教育研究的补偿性措施的做法，在很大程度上不仅不会帮助教育研究脱离专业化的困境，反而会因为忽视对学科规范方面的理论考虑，而使此种教育研究在学科化的危机中雪上加霜。所以，以实践为起点对教育研究进行学术重构，不该成为简单判断的结果，教育研究的实践转向需要前提性的论证，而论证的目的也不仅仅是为了澄清认识问题，而是为了理解教育研究的"运行机制"，从而使教育研究真正走入实践。

"没有一种实践能独立于它的实践者对它的思考和信仰之外"①，走向实践需要首先反思实践的性质。"唯有以本身为目的的'实现'才能称为实践"②，实践以自身为目的，这与杜威所说的"教育除了自身以外没有任何其他目的"异曲同工。即是说，实践具有强烈的意向性和整

---

① ［英］W. 卡尔：《教育理论与教育实践的原理》，转引自瞿葆奎主编《教育与教育学》，人民教育出版社 1989 年版，第 561 页。

② 张能为：《理解的实践》，人民出版社 2002 年版，第 94 页。

体性的特点。所谓实践的意向性，指的是实践总是充满了对"实现自身"这个目的难以抑制的渴望和追求。这种追求并非朝向指定某个目标，而是直接发自意识层面的全部身心的投向，实践具有这样一种强烈的意识指向，就像倾心之爱并不需要理由一样。也正是在这个意义上，范梅南才说，教育是像爱和友谊一样自然而然地发生的。但是，这并不等同于把实践理解为仅仅是一种情感的冲动而没有了理性的地位。实践的意向性既有热情的冲动，也有信念的支配，而信念，既含有意识，也富有理性，在成熟的含义上，还充满知识、美德和智慧。所谓实践的整体性，指的是实践总是在整体地发生着，我们只能在事情发生之前或之后把事情分解为若干侧面、若干因素来进行分析，但在它发生的当时，那些侧面因素并没有也不可能作为一个孤立的成分存在。人的实践活动与人的认识活动不尽相同，实践面对的是一个浑然一体、不可分割的整体，因此它不像认识那样可以针对某一侧面、某一因素进行，使行动得以发生是实践，而规定行动在哪里、在何种意义上发生则是认识，所以，实践具有践行的性质。"关于这一性质，主要含义有二：其一，是以实现为追求而不是以证明为追求。这包含着不可证明的事情，不一定不可以做到以及做是为了实现实践本身的目的而不是为了证明什么。其二，是实践总要获得某种效果。只有做到了，事情才真正发生了，事情本身的目的才得到了实现，这才是实践。如果一定要在当时去区分它们的边界，那么，所做的已经是另一件事了。"①

　　实践的上述特性决定，走向实践的教育研究是包含意向性与整体性的活动取向，它的出现并不全然是理性分析的结果，这种研究并不把自身当做是对世界或人的本质的抽象化认识，反而表现出强烈的情境性与共时性。它注重从生活的各个角度和人的全面发展上研究教育，在研究过程中觉察到情感等因素的存在，所以，实践的教育研究并不是单纯的理性演绎或逻辑推理，而是在对实践的反思中注重理论与直觉、激情与情感的交融，以此来取得研究结论。在研究对象和目的上，实践的教育研究关注人成长与发展过程中各种具体性的问题，强调对问题的解决大

---

① 宁虹：《教育的实践哲学——现象学教育学理论建构的一个探索》，《教育研究》2007年第 7 期。

过对理论的构建，因此，它并不过分地强调对这些问题的形而上思考，而是对实践的现状、观点和问题进行深入的反思，以获得一种整体性的综合认识。可以说，走向实践就是作为一种社会实践活动的教育研究自身的诉求之所在，其目的直指人的生长与发展本身，是反映教育活动本体属性的具体行动，而不是由某种外力刺激的结果；提升教育研究的学术地位仅仅是实践转向的副产品之一，而其本意目的在于使教育本身的生活探究属性得到彰显。

此外，我们还需要强调实践转向发生的历史性前提。教育研究需要关照实践，这一观点并不是教育研究遭遇专业化的困境与学科化的危机后才形成的，在教育研究发展的历史过程中，实践研究的意识几乎伴随着专业化意识的出现而同时出现。与今天的实践研究相区别，早期的实践教育研究并不包含比实际操作以外更多的内涵与意义①，但这种实践意识的存在却能够在侧面反映出，走向实践乃是教育活动的自觉意识所使然的一种行动倾向，而不是面对困境时的应激产物。事实上，在教育

────────────

①　如 18 世纪的德国教育学家尼迈尔认为，在当时新兴的普通教育学（即一种普遍妥当的教育学，尼迈尔称之为"理论教育学"）之外，还应有一种专门用以指导教育实践的"教育术"，即"实践教育学"。他认为，理论教育学的任务在于阐述一般教育的原理，而将这些原理应用于实践则应为"实践教育学"的任务，尼迈尔对实践教育研究的理解仅限于技术上的操作，但他却意识到应对理论研究与实践研究加以区分，并强调理论之于实践的应用。这一观点影响到了赫尔巴特关于教育研究的看法。赫尔巴特对教育研究的实践性特征有着清醒的认识，他将具有实践特征的教育理论看成是他的整个教育学体系的"前半部"，这种教育理论从目的到方法，都是为了指导实践。但赫尔巴特认为，"与此相应的还应当有的第二部分，就是要在理论上说明教育的可能性，并将按各种情况的变化去说明它的界限"。（《普通教育学·教育学讲授纲要》，第 12 页。）他将这种教育学称为"心理教育学"，它是"纯理论性的；因为它只是把教育作为一种事实来解释……它使每一种不好行为及其后果与好的行为和后果一样为人所知。因为它实际上忽略了正确与错误之间的区别，从而使每一个人都能使用它"。除此以外，生活在 19 世纪后半叶的德国教育学家维尔曼也表达出类似的认识。维尔曼在 1876 年的一次演讲中指出，应将教育理论分为"科学教育学"与"实践教育学"两种，科学教育学所阐述的只是社会和文化事实，它既不进行管理，也不给予指导，它只是解释；它所关注的是"是什么"；它从社会和心理学方面把教育作为事实来解释。因此，科学教育学是一门经验的、分析的、归纳的、解释的社会科学。维尔曼把实践教育学称为"教育学说"，认为它是一种规范性知识的体系，着力于阐述规范性的"要求"和"管理"，带有一定的"强制性"；另外，实践教育学所阐述的规范性要求还同一定社会、一定历史时期的社会精神联系在一起，并受到当事者本人世界观的影响，因此，实践教育学不像科学教育学那样具有普遍性。

研究发展的过程中，对实践的关怀或倾向从未消失过①，这不仅是由教育研究本身就是一种实践性的社会活动的性质所决定，更是因为实践的诉求从本质上说就是教育学术传统的体现，是教育活动无法摆脱的本体属性。教育的学术传统根源于教育与生活同构的特性，只要生活探究仍在继续，教育就一直会以大无畏的探索精神对生活进行建构，纵然在专业化的教育研究中，由于制作图式的凸显，教育的学术传统曾经一度沉寂，但作为一种行动的意图，教育永远处在不断的探究过程之中，这即是教育研究指向于实践的原因之所在。正因如此，实践的教育研究过去、现在、未来都会存在，并且会按照实践本身的探究特点不断地完善与构建下去，如果抛开历史的意识而妄谈教育研究的实践转向，将无法抓住实践转向的真正含义。

尽管在不同的时空背景中，教育实践具有某种共通性，但在具体的社会活动中，教育实践只能是一种本土性的实践而不是普适性的实践。教育实践的这种性质决定了教育研究必须立足于特定的教育实践，服务于特定的教育实践，因此，走向实践的教育研究必须要考虑到本土化的问题。即是说，实践转向的教育研究是基于本土、面向本土的研究，其现实的意义在于解决本土具有原发性的现实教育问题。强调实践转向的本土化不是自我封闭，拒绝交流，在走向实践的过程中，不注意汲取国外教育研究成功的经验，无视已有科研成果的做法都是不明智的，更无益于提高理论的原创性。在教育实践具有共通性的前提下，基于本土的原创性的教育研究必然具有一定的世界性，而此种成果也必将会极大地补充和丰富人类的教育研究。

看来，教育研究走向实践并不仅仅是走进实践之中，更重要的是要把关怀人性，把创造丰富多彩的人生作为指导思想并以此关照教育研究。所以我们要意识到，实践转向是沟通传统与现代、学术与生活之间的桥梁，"它的贡献也在于指出，如何把在各科学领域发展起来的知识形式在教育问题中相互联系起来，从而使其突破在实证主义争论中建立

① 程亮在其博士学位论文中，通过对教育研究形态演变的梳理，得出了关怀实践乃是贯穿教育研究发展始终的内在诉求的结论。本书认同这一观点。参见程亮《教育学的"实践"关怀》，博士学位论文，华东师范大学 2006 年，第 12 页。

起来的战线，作为批评与自我批评的形式能相互联系起来"①。为此，我们必须要放弃以一种理论解决所有问题的思维方式，必须尊重历史的逻辑，如果使教育研究转向实践的愿望仍然未能摆脱制作图式的影响，那么这种构建仍旧是制作的而非行动的。事实上，走向实践的教育研究不是要去劝告人们应该怎样生活，而是要揭示人们本来能够拥有哪些美好的可能生活；不是强加于教育以某种现实的规范要求，而是发现关于教育自身的真理。若要产生真情实感、并被生活真正所接受的教育研究，就不能将教育看作研究的对峙物，并运用教育之外的理论去套说教育，而只有以教育自身的逻辑为起点对塑造人的活动进行刻画与阐释，才能呈现出有关教育的事实。教育研究如若缺少对人的成长发展和社会进步的关注，必然将导致一种平庸的结果，甚至在根本上动摇教育研究的学术合法性，使之成为一种"无根"的研究。最后需要强调的是，教育研究走向实践不可能一劳永逸地解决教育研究中的新老问题，使教育研究一跃而成为真正地被外界和内部所认可的研究，教育研究走向实践的意义或许在于，以辨析的方式呈现出教育中不合理的、有损于教育学术传统的因素，并对其加以防范，同时，使专业化的教育研究尽可能地走入人的生活与生长之中，从而让教育活动作为一种生活探究真正起到它所应起的作用。

第二节　实践转向的认识论路径

从"实践"出发重构教育研究在今天已然成为一种时代的潮流，这种现象的发生与文化价值观的变迁、质性方法在教育研究中的应用、教育研究理论与实践的脱离、教育研究学科意识的觉醒等因素密切相关。因而，在许多人看来，教育研究走向实践已经成为无须论证的既成事实，或者说，教育研究走向实践属于一种理论上的必然，我们今后要做的工作无非就是怎样使实践转向更好的发生，以回应理论的要求而已。

①　[德] 底特利希·本纳:《普通教育学》，彭正梅等译，华东师范大学出版社 2006 年版，第 274 页。

这一论断看似正确，实则隐藏着极大的错误。因为，教育研究的学术转向不可能无故发生，它的出现与发展必然与实践本身有关，如果仅仅从量变产生质变的角度对这一影响巨大的研究倾向进行解释的话，势必会降低这一转向的价值和意义，从而无法更加深刻地讨论实践的教育研究的真正含义。从研究范式转换的角度讲，我们可以把教育研究走向实践看作是以此范式替代已经不适应于教育研究这门学科的结果，但这样思考实际上也仍然没有帮助人们发现走向实践的意义之所在。也就是说，仅仅停留在研究的外围，而未能深入研究对象的本质中去探讨研究路径的转型，并不能真正解决当下的问题，教育研究发生实践转向必然有着高于研究范式转换的理由。为此，我们必须澄清认识上的偏差，才能把握教育研究走向实践的真正含义。

一 避免错误的研究倾向

教育的目的在于生活的延续与人的发展，任何外在的形式都不能改变教育作为生活探究活动的本质属性，正因为如此，教育总是持续地在探索中寻求着超越与突破，以适应生活的要求和变化。由此出发，教育研究就必须是实践的，也必须关照实践。这是因为，教育研究只有成为一种实践的研究，才能摆脱任何外在形式的约束，从而参与到真实的教育场景中去，而不是进行旁观式的指导。同时，教育研究终归要把自身应用到生活中去，再次从实践中获得新生的动力，实现对教育的促进作用。所以，在教育研究中，"实践是第一位的，也是最终的。实践是开始，也是结局。是开始，因为它提出种种问题，只有这些问题能使研究具有教育意义的性质；是结局，因为只有实践能检验、证实、修改和发展这些研究的结论"①，教育研究由此具有内生的实践关怀。所谓内生的实践关怀，指的是教育研究以实践作为出发点和归宿，并不由教育活动以外的任何理论、价值判断与文化思潮等决定，而是由教育的生活探究属性所决定，是教育活动无法摆脱、更无须摆脱的学术传统之一。若以此来反观现代教育研究的实践转向，就会发现，这一转向的发生事实

---

① 叶澜主编：《立场（生命·实践教育学论丛第二辑）》，广西师范大学出版社 2008 年版，第 282 页。

上是教育活动自身诉求的外现，而不是由某些流行的理论规范加以引导的结果。即是说，教育的实践本性始终在促使教育研究转向实践，在这一过程中，教育实践是因，研究发生转向是果，教育研究的实践转向是教育研究者在教育的学术传统驱使下的主动选择，而非被动接受。

之所以强调这样一个看似简单的道理，是为了澄清人们在看待教育研究实践转向上的几种错误倾向。

第一，把实践转向的发生仍然视为对专业化教育研究的继承和发展的倾向。教育研究是一种"实践"的研究，这一观点普遍为人们所认同，即便是在专业化的研究中，其理论产品仍旧要应用于实践，因此，教育研究走向实践的提法很容易被从"理论源于实践又高于实践，理论指导实践"的层面勾起研究者的回应。需要注意的是，当把教育研究的实践转向视为"生产更多的理论，以指导实践"的同义语时，这一概念就已经发生了内涵上的变更或者偷换。首先，教育研究走向实践并不是一个理论问题，而是一个使教育活动得以顺利开展、教育影响得以正常发挥的现实问题，走向实践的目的并不是为了理论生产，而是为了使人获得更为丰富多彩的生活。专业研究的理路是为了使教育实践的发展获得一种外在的启示，而走向实践的真正含义在于使研究顺应教育的逻辑。其次，生活的延续和人的发展促使教育研究不得不转向实践，继续沿用专业研究的思维模式去看待这一转变的话，就会把其视为理论研究的继续或者拓展，使之成为人工导演的一场学术革命，仍然无法反映出这一转变的精神实质，结果看似改变了认识，实则仍然沿用图式化的研究思维，使实践的教育研究成为口号式的研究，无法触及问题的核心。说到底，以专业化研究的思维看待实践的教育研究的倾向，仍然是赫尔巴特式的"寻找后半部"教育学的现代表现，未能体现出教育研究的主动诉求。当然，我们并不能否认研究者的自觉意识是促使教育研究发生实践转向的动力之一，它必定来源于实践而不是理论，因此，走向实践的教育研究并不是专业化研究的延续或者发展，不管是在目的上，还是在立场上，二者都有所区别。

第二，把实践转向的发生作为现成的、完美的研究规范而蜂拥模仿的倾向。教育研究自然要走向实践，也正在走向实践，但这并不是说走向实践的教育研究已经形成了完美的理论规范与方法体系，更不是说这种转向已然成为无须论证的事实，教育研究的实践转向是一个在探索中不断深化的过程。实践转向的发生并不是一场空穴来风式的学术革命，它的出现有着深刻的生活与文化背景。如果不从生活的角度对此加以分析，而把实践的转向变成一种现成的规范盲信盲从的话，就会造成行动中的歪曲。事实上，实践的教育研究不是要为实际工作提供行为规范汇编式的指导手册，而是以智慧撬动智慧，以情感引动情感，以更好地解决现实中的问题，并对教育实践有所创新，从而适应生活本身的要求。教育研究的实践转向更多地表现为一种认识论上的变更，即从教育自身的需要出发进行研究，而不是以理论的变化来为人的发展预设路径和解决期间所遇到的问题。把实践转向视为一种既成的操作规范，就会在实际操作中偷换对此种研究性质的认识，看似在进行实践的研究，实则仍然在进行理论的发挥，仍然游离于实践之外，未能实现实践转向的真正诉求，最多使"实践"成为研究的一个时髦标签而已。我们认为，教育研究路径上的选择可以多样化，但选择何种路径开展此项研究必须从合乎人性，合乎人的生长规律，如果盲从于"实践"的潮流而开展研究活动的话，则仍然是把此种研究视为一种"放之于四海而皆准"的理论模型，非但不能帮助教育研究转向实践，反而可能会阻碍实践转向的发生，使教育研究可悲地异化为毫无自为品性的政治指令、社会指令或者训练术。

　　第三，把实践转向的发生作为一种强势的思潮而被动跟随的倾向。理论的跟风在一定程度上还能够反映出研究者对于实践转向的研究趋势的认同，所以在这种情况下，走向实践毕竟仍旧是研究者主动选择的结果，但毫无立场的被动跟随则会完全抹杀教育研究独特的内在品质、逻辑与价值，使教育研究变成毫无动力的、被动应付式的生产工具。长期以来，一些研究者总是习惯于高居"象牙塔"中预设教育的路径，而实践转向的出现却要求他们不得不走出书斋，进入真实的教育场景之中，这自然会给他们造成不适，因而，对这些研究者来说，走向实践就成为一种为了保有其专业性而被动接受的尝试。这种态度与实践转向的价值诉求本身就是相悖的。教育研究之所以要走向实践，就是因为要摆脱长期以来受外力控制的现状，寻找教育自身的逻辑和发展动力，就是要充分地挖掘教育的学术传统，使人的自主性和能动性得以张扬。① 一旦研究者本人并不是怀着满腔的热情和积极参与的态度，而是以一种无奈的姿态加入这一变化之中，非但无法加快实践转向的发生，还有可能会对这一变化造成阻碍甚至破坏。

总之，在教育研究中之所以会出现上述几种错误的倾向，就是因为实践的转向在一部分研究者看来仍旧是一种具体方法的应用，而不是一种认识上的改观。教育研究走向实践需要的不仅仅是方法上的调整，这种改变本身更多地反映出一种教育内在的诉求，是研究立场从理性的实践观走向自在的实践观的转变，因此，走向实践首先需要改变认识，也只有从认识上真正理解这一转向的根本含义，才能把握走向实践的内涵。实践研究的价值取向、目标、任务，决定了它不可能用简单的"理论＋实践"、"理论指导实践"，或者是"从经验到理论"、"由理论到经验"这样一些理论与实践单向、外在关联方式来完成。它需要建立起两者更为丰富的关系，需要在一系列转换过程中，实现新理论与新实践的建设。"这是一个理论与实践相互依赖、锁定、孕育、碰撞、建构、生成的动态过程，也是一个充满问题、挑战，困惑、发现，突破、兴奋，苦恼、焦虑，体悟、满足的探究过程。它还要通过承担、参与这一研究的高校专业研究人员和中小学实践一线的人员各自内在观念和行为的转换，以及两类人员的相互沟通、持续合作才能实现。"② 在这一过程中，我们必须选择恰当的研究立场，将实践的教育研究视为实践者的主体意

---

① 这一点可以从著名教育家李吉林的学术自述中得到印证。李吉林老师曾经用"28 年趟出一条小路"的比喻来回顾自己的学术生涯。她深情地谈到"情境教育是我对教育完美境界追求的产物，28 年为儿童素质的全面发展趟出一条小路"，朴实的语言映射出李老师的谦虚，但也反映出她对教育的执着。李老师写道，"作为一线的教师，进行教育创新最大的短处就是理论的匮乏，而更难的是理论的概括"。为此，"我比在学校做学生时还要用功"，在吸纳了现代教育理论、解析学、心理学、美学，并将中国古代文学理论大胆地运用于具体的小学教育之后，李老师终于"自己琢磨出来"了"情境教学"的一般原理。（详见李吉林《28 年趟出一条小路——教育创新需要持久地下功夫》，《中国教师报》2006 年 5 月 31 日第 1 版。）李老师所谓"自己琢磨出来"的情境教学理论是在思考和实践中生发的，是一种自觉的选择，而不是盲从盲信，被动接受的结果。

② 参见叶澜《我与"新基础教育"——思想笔记式的十年研究回望》，转引自丁钢《中国教育：研究与评论（第 7 辑）》，教育科学出版社 2004 年版，第 12 页。

识和探索精神的觉醒，而不是研究人员的成果转化，才能真正顺应这一变化，为教育研究真正贴近教育生活创造条件。

二　超越范式转换思维的影响

受"范式"理论的影响，人们一直习惯于从范式转换的角度解释教育研究的发展与演变。"范式"的概念来自库恩《科学革命的结构》一书，被用来解释"科学革命"的发生。库恩认为，科学的发展不是连续性的、渐变的进化过程，而是通过爆发式的"科学革命"实现的。他认为，若要产生科学革命，需要满足以下条件：第一，要产生学术共同体；第二，要产生所谓的常规科学，即被科学研究者共同承认和分享的一套理论模式，是在严谨的逻辑框架下运行的大多数人认同的真理；第三，在此基础之上形成的范式转换。尽管库恩本人对范式并没有做出明确的说明，我们仍然可以从他本人或者后继研究者的讨论中得出这样的结论，范式既指被大多数人所认同的方法、规范与理论等，又包含着库恩后来所谓的"专业基体"，即研究者本身。由此，库恩把科学发展分为两个相互联系的阶段——常规科学阶段和科学革命阶段。在常规科学阶段，科学家共同体成员遵循着共同的范式开展科学研究，科学在范式的约束下稳态发展；而在科学革命阶段，常规科学时期的范式遭遇到科学中"例外"的挑战，"不可通约"的原有范式为新范式所取代，旧范式的一致性消失了，科学发生了"范式转换"而进入新范式约束的阶段。从总体上看，科学发展是新范式取代旧范式的过程，是不断的"范式转换"过程。这种转化并不是经由矛盾的日积月累而产生的酝酿性渐变，而是新老范式相互竞争的结果爆发，转化一旦发生，就必须以彻底的转化为结局，不存在新老范式间的通融，库恩称之为范式间的不可通约性。

从上述认识出发，人们一般认为，实践的教育研究的出现相对于理论的教育研究来说是一种全新的研究范式，是上述二者通过竞争，以前者推翻后者而结束的一场"科学革命"。这固然轻松地解决了教育研究为何会发生变化的问题，甚至还为人们提供了认识与构建实践转向的教育研究的基本理路，但这种认识是片面的，更是武断的。它提供了一种链条化的认识路径，却破坏了教育之于人的完整性与超越性，使实践的教育研究仍未能摆脱专业化的诱惑，成为一种仅仅在提法上、表现形式上与过去有所区别，但在基本立场上未发生转变的研究活动。当然，超越范式转换的制约并不是要毅然决然地将"范式"、"范式转换"之类的词汇从教育研究领域中彻底清除出去①，恰当地使用范式转换理论，有利于我们厘清教育研究的轮廓。② 与此同时，我们必须保持一种自觉的态度，即坚持以连贯的、整体的视角分析教育研究的变化与发展，才能正确认识实践转向的真正含义。

教育研究是为人的成长与发展提供支持和帮助的探究活动，"一切现实的规定性只能规定人的现在，而不是要去决定他的未来。理想的教育并不是要用现实的规定性去束缚人、限制人，而是要人从现实性看到各种发展的可能性，并善于将可能性转化为现实性；它要使人树立起发展和超越现实的理想，并善于将理想付之于现实。培养一种理想与现实相统一的人，超越意识与超越能力相统一的人，这才是教育之宗旨"③。盲目地套用范式理论，把实践研究看作是全新的研究范式，就会以强调教育现实规定性的方式阻碍教育生成未来的可能性，忽略贯穿于教育之中追求超越与突破的线索。的确，实践转向的出现带有范式转换的影子，但"教育研究的范式对话不是一方取代另一方，不是扬此抑彼，而是合作，是参与，是融入"④，如果机械地以新旧范式的冲突与激变来解释这种现象的发生，就会以一种线性的、二元对立式的视角看待教育研究的变化，既看不到教育学术的历史与传统，更看不到教育的生活本性，把实践的教育研究视为突现的、空降式的研究模式，容易再次陷入制作图式的思维模式中去。

教育研究是历史性的存在，它的发生和发展从来没有脱离过具体的

---

① 有学者认为，滥用"范式"会导致教育研究中的山头主义，对教育研究的开展和教育事业的健康发展有百害而无一利。参见肖磊、吕晓瑞《"范式"的滥用：教育研究中的流行病》，《现代大学教育》2010 年第 4 期。

② 在有些学者看来，范式转换在人文社会科学中并不是绝对的，而是呈现出一种循环的、辩证的发展模式。即是说，旧的范式可能在某些情况下会"东山再起"，而现行的范式会随着研究的发展不断调整，这符合人文社会科学复杂的、综合的性质。

③ 鲁洁：《论教育之适应与超越》，《教育研究》1996 年第 2 期。

④ 周作宇：《没有科学，何来主义》，《华东师范大学学报》（教育科学版）2001 年第 4 期。

场景和文化背景，因而是一种具有鲜明的时代性、充满了实践关怀的活动。从目的上看，教育研究需要解释教育，解释教育最终是为了创造可能的生活，因而，在出发点上，这种活动就不是抽象的，而是实践的，它的目的在于行动，在于改变；从过程上讲，教育研究源自生活的需要，生活的需要最终要通过实践才能得到满足。因此，不管人们采取什么方式来达成教育的目的，这种方式总是实践的，这就决定了教育研究的诉求不可能完全通过理论得到满足。教育研究需要并且一直在与实践直接进行对话，就如同奥伊夫所说，"可证明、可展开的超时间事物就不会在时间之流中消失。我们不等待永恒。我们站在永恒之中"[1]。教育研究的发展从未脱离实践的范畴而单独进行，实践的诉求贯穿在教育研究发展的始终；从结果上说，教育研究要促进人的生长与发展，但这种生长并不是暂时的或阶段性的，而是需要使人获得一种能够持续的、贯穿整个人生的发展可能，"离开了探究，离开了实践，一个人不可能成为一个真正的人"[2]，因此，教育研究需要进行持续不断的探究与实践，才能保证人的持续发展。所以，如果把实践转向视为科学革命的结果，就会割断教育研究在目的、过程和结果上与实践的天然联系，使教育研究依然成为脱离实践的抽象思考，而不是真正参与实践变革的行动。笔者认为，与其称教育研究的实践转向为"改变"，不如说这种现象为"展现"，是教育自身力量的展现，是人自身力量的展现，是生活与实践本身的诉求所在。如果继续沿用非此即彼式的二元对立思路看待这种变化，就会把实践的教育研究仍然视为理论化的制作流程，而不是充满了人文关怀的实践活动。

　　叶澜认为教育可能是人世间的复杂问题之最，教育研究的思维方式应从简单走向复杂，并把复杂性思想作为重建教育理论以使其列入新的科学家园的一种机遇。[3] 在今天的教育研究中，如果仍然秉持单线的、因果决定论式的思维方式，把实践研究的出现简单地看作是范式转换之

---

　　① 余秋雨主编：《经典人文（人文思想卷）》，新华出版社 2010 年版，第 84 页。

　　② ［巴西］保罗·弗莱雷：《被压迫者教育学》，顾建新等译，华东师范大学出版社 2001年版，第 25 页。

　　③ 叶澜：《世纪初中国教育理论发展的断想》，《华东师范大学学报》（教育科学版）2001 年第 3 期。

物，必然与教育创造一切可能生活、寻求人的全面发展的学术传统相背离。事实上，任何规律都只能合理地存在于某种特定的条件下，不能放之于四海而皆准，教育活动亦然如此。在教育研究中，奢谈规律只会磨灭人的创造性。教育活动在大多数时间中呈现出必然与偶然、有序与无序、确定与不确定的辩证统一，这就要求我们在看待教育研究的实践转向时务必采取复杂、连贯和整体的视角，以避免对教育进行条块分割式的认识，真正地贴近教育生活本身。而我们以实践的视角重新审视教育研究，也就是要超越制作图式对教育活动的制约，使行动的学术传统重回教育之中。

有学者用"理性的狡计"来暗示德国教育研究发展的过程是以"危"生"机"，以"危"促"机"的过程①，这种次第发展、螺旋上升的过程若是没有对生活的真切思考，若是没有强烈的批判与超越精神贯穿其中是不会发生的。事实上，不只是在德国，在整个教育研究活动发展的过程中，关注人生、追求超越的教育学术传统难道就不是引导它扎根实践、关注实践的"狡计"吗？生活本身的丰富多彩赋予教育研究以执着追寻人生价值的品质，作为生活探究的外现，教育研究一直努力展现着实践的意图。所以，走向实践的教育研究并不会止步于某一个理论的终点，而是如同生活探究一般永远在实现美好的路途之中。对于教育，不能动辄用革命式的、暴风骤雨式的口号来使之发生动荡，教育的根本在于实践，在于维护生活的完整性，割裂式的思维方式并不适应于教育活动的稳定、正常开展。这更提醒我们，在教育改革中，一方面当然要瞩目于先进的思想和文化之于教育研究的启示，另一方面也不能因此而忘记教育的学术传统。我们不可能完全返回到原初的教育探究中去，我们只有时刻以古典的姿态守护现代教育，才能在熙熙攘攘的现实中为教育寻得一条清明之路。

三　寻找教育实践的逻辑

呼吁教育研究走向实践，既是以人的实践的存在方式为中介去解决

---

① 彭正梅：《理性的狡计：德国教育学发展中的五次危机及其因应》，《华东师范大学学报》（教育科学版）2009 年第 4 期。

现代教育研究的主客二元对立，更是从人的实践活动及其历史发展出发去寻求人类解放的道路。所以，在讨论如何认识教育研究实践转向问题时，仅仅对这一现象进行外围上的澄清是远远不够的，我们必须把实践的转向视为教育本身的诉求，采取诉诸自身的方式回到实践自身当中，由此获得教育实践所遵守的一般形式或者内在法则，揭示实践转向的内在结构，这一转向在学理上则表达为对"教育实践的逻辑"的寻找。

在教育研究中，对"实践逻辑"的寻找并不是突然出现的，当人们以"上所施，下所效"、"养子使做善"来解释教育，当西方学者郑重地做出"真正的教育应先获得自身的本质"①的论断时，就已然在这一判断中触及了"教育实践的逻辑"。这里所说的"本质"不仅包含着对什么是教育的思考，更包含着教育为何如此的认识，这即是对教育实践内在理路的探寻。但是，受本质主义的影响，这一探寻始终未能摆脱确定性的思维方式，始终缠绕在概念的解析之上，未能真正深入教育实践之中。②学者们正式对"教育实践的逻辑"进行思考，是伴随着对教育理论与实践相互脱离这一"多年煮不烂的老问题"③的讨论出现在人们的视野之中的。据考证，在教育研究中较早提出"教育实践的逻辑"的人应为英国学者 W. 卡尔。④ 在 20 世纪 80 年代，卡尔针对英国教育哲学界对"教育理论的逻辑"讨论指出，教育哲学要探讨的首要问题并非"什么是哲学或教育哲学"，而是"什么是实践或教育实践"。但卡尔所说的教育实践的逻辑主要指人们有关教育实践的"理论图式"

---

① ［德］卡尔·雅斯贝尔斯：《什么是教育》，邹进译，生活·读书·新知三联书店 1991 年版，第 44 页。

② 我国教育界深受这种影响，自新中国成立以来一直在关心教育本质的问题。关于这一问题的讨论大致经历了认为教育的本质是社会上层建筑一种观点"独霸天下"，到"上层建筑说"、"生产力说"、"双重属性说"、"多种属性说"、"特殊范畴说"、"社会实践活动说"、"培养人说"、"相对说"等多种认识并存与纷争，再到在后现代主义的影响下对"本质"、"教育本质"的存在产生怀疑，进而分别从不同层面或多或少地对本质主义予以批驳三个阶段，并由此还引发了教育研究中的"本质主义与反本质主义之争"。本书无意于讨论如何认识教育本质的问题，提及这一现象的目的仅仅在于指出，对教育本质问题的讨论中，或多或少地涉及了教育实践的逻辑的问题，但却未能真正聚焦在实践逻辑这一问题之上。

③ 叶澜：《思维在断裂处穿行——教育理论与教育实践关系的再寻找》，《中国教育学刊》2001 年第 4 期。

④ 石中英：《论教育实践的逻辑》，《教育研究》2006 年第 1 期。

或"前有假设"，相当于人们大脑中的"教育实践观"，仍属于寻找实践之规范的研究。我国学者中较早对"教育的实践逻辑"进行明确研究的则以郭元祥为代表。郭元祥从逻辑的角度考察教育理论与教育实践的关系，把教育理论的逻辑界定为"教育认识和思维的逻辑"，把教育实践的逻辑界定为"教育活动自身固有的逻辑"，其核心是"教育活动的要素之间及各要素内部因素之间的辩证逻辑关系"，属实体形态的范畴，具有一定的"客观性"或"规律性"。① 郭元祥对教育实践的逻辑的论证较多地受我国哲学界对实践逻辑关系的影响，也属于寻找实践规范，认清实践活动和目的运行的内在逻辑，尽量减少实践活动运行中的曲折，以提高实践活动成功率为目的的讨论②，其目的"主要是提供一套……规范理论，它诉诸实践者的理性，主要以价值理论、价值原则和有关规范的知识，启发实践者的思考"③，合乎新中国成立以来我国教育研究的趋势，但未能引起大的反响。真正使"教育实践的逻辑"引起人们关注的，当属石中英 2006 年在《教育研究》上发表的《论教育实践的逻辑》一文。在文中，石中英引入法国社会学家布迪厄的实践理论，对教育实践的逻辑从习性、意图、场域和时间等四个方面进行了阐释，重新界定了教育理论与实践的关系问题。石中英认为"教育实践，如同人类的其他实践，像科学研究等等一样，是一列'自带轨道的火车'，不断地按照自己的方向而非编制好的列车运行图驶向下一个站点"，若从此出发，"实践终归是实践者的实践，实践者也是处于各种复杂的客观因素之中的，并不是纯粹的理性主体。理论工作者要想很好地理解实践、解释实践、为实践服务，不深入实践中去，不亲身实践是不行的"④，这种认识改变了教育研究要形成实践的规范，以指导教育现实活动按照人们的设想发生变化的观点，强调了教育实践中的不确定性因素，初步建立了一种介入式的实践观。自此，布迪厄的实践理论开始引起了教育界的关注，并逐渐从教育原理的讨论中延伸至诸如教师专

---

　　① 郭元祥：《教育理论与教育实践关系的逻辑考察》，《华中师范大学学报》（人文社科版）1999 年第 1 期。

　　② 赵剑英：《论实践逻辑》，《学术月刊》1990 年第 3 期。

　　③ 陈桂生：《教育学的建构》，华东师范大学出版社 2009 年版，第 78 页。

　　④ 石中英：《论教育实践的逻辑》，《教育研究》2006 年第 1 期。

业发展等其他领域①，对整个教育研究产生了深远的影响。

通过上述研究路径的变化，我们可以看到，人们首先是抱着化解或者修正教育理论与实践这一对"欢喜冤家"的关系的目的而引入"实践的逻辑"一说的，起初的意图仍然在于寻找或者建立一种能够使实践顺应理论的逻辑，规范研究的功利性非常明显。但当布迪厄的实践理论引入教育研究之后，一种立体结构的实践逻辑出现在了人们的视野之中，这种逻辑以"习性"说明行动的历史线索，以"意图"赋予行动以特殊目的，以"时间"规定行动的作用限度、以"场域"划定行动的意义空间，向人们展出了一种完全不同于以往平面化认识的实践逻辑结构，极大地触发了人们的思考。具体来说，从实践的逻辑出发，人们"确实应该认识到，实践之所以呈现为这个样子，可能是'由来有自'的，实践者的选择因其直接根植于具体情境，往往比之教育研究者有着更为理性的考量"，因而，在教育研究中，首先，要"尊重实践者的立场与选择"②；其次，在以研究的方式对实践进行干预的过程中要进行"'有分寸的干预'，而不是以理论逻辑替代实践逻辑"③，要摆脱自上而下式的介入，充分尊重习性及其实践者的意图对于实践的影响；最后，要注意到，由于教育实践的逻辑迥异于理论的逻辑，所以"教育理论与实践间的隔阂、脱离是双向的，有一定的必然性。同时，教育理论与实践间保持一定的张力也是教育理论发展的一个必要条件"④，因而，应当从具体问题的情境入手，使教育理论工作者与教育实践工作者进行真

---

① 程良宏：《教师专业发展的路径及其超越——基于理论逻辑和实践逻辑的思考》，《教育发展研究》2010 年第 2 期；孟凡丽、程良宏：《教师专业发展路径的理论逻辑和实践逻辑及其批判》，《教师教育研究》2010 年第 4 期；康丽颖：《教师教育研究的实践意蕴——布迪厄实践理论对我国教师教育研究的启示》，《比较教育研究》2006 年第 7 期；倪娟、沈健：《尊重实践逻辑：教育理论假设成立的必然要求——中学理科课程标准弹性化问题研究》，《教育研究与实验》2009 年第 2 期。

② 孙元涛：《布尔迪厄社会科学方法论及其对教育研究的启示》，《青岛大学师范学院学报》2009 年第 3 期。

③ 杨小微：《教育理论工作者的实践立场及其表现》，《教育研究与实验》2006 年第 4 期。

④ 李润洲：《实践逻辑：审视教育理论与实践关系的新视角》，《教育研究》2006 年第 5 期。

诚的合作、对话，从而用沟通、交流、协商的方式解决问题，而非相互埋怨，甚至疏离。

这些成果表明，人们已经认识到实践的逻辑并不是一种抽象的逻辑，也不是能够脱离具体的环境和文化背景而被展示出来的逻辑，实践的逻辑中包含着历史的因素，包含着整个学术活动发生的动态形式，在教育研究中强调实践的逻辑，其实就是强调历史的意识和现实的逻辑，是一种真正把教育活动呈现出来，以它最为本真的面目示人的努力，这种认识必然开辟出全新的研究路径。事实上，强调教育研究要遵守实践的逻辑，就是要站在教育本身的立场上去看待和进行教育活动，而不是站在其他立场上去专门研究教育。人类生活的各个领域都具有各自的特性，教育尤其如此，它关怀着人的成长，指征着人的发展，是人最为重要的生活方式之一，如果脱离了这一点而妄谈教育研究，只会使教育研究成为以某种技术理性为先行指导的操作流程，失去了教育本身所具有的探究属性。教育本身就是生活探究，是在不断探索和创造中生成的，教育研究要充分尊重教育的这一特点，才能真正融入人的生活。为此，我们要保持教育理论与实践之间必要的距离，甚至要保持教育实践一定程度上对教育理论的拒斥，而不是把实践全然看作理论的实验田，才能为教育研究赢得发展的空间。

在强调教育研究走向实践的今天，重提实践逻辑的话题并不是要完全跟随布迪厄的脚步去解释何谓教育实践的逻辑，而是要指出，寻找实践的逻辑的意义何在，应该如何认识教育研究实践转向的问题。真正的教育实践就存在于日常的、平凡的教育之中，秉持自上而下式的认识方式，并不能完全认识教育实践的本真所在。为此，研究者必须从书斋中走出来，走入丰富多彩的日常教育生活之中，才能真正顺应实践转向的实质。提出以实践的逻辑重新审视教育研究，是一种对理论压迫的反抗，这种反抗本身也是来源于实践的，是人的自由意志的发挥，是人的主体性的展现。它要求要像曾经尊重理论一样去尊重实践，只不过，尊重理论是一种自下而上的仰视，而尊重实践则要求不轻易放过平常的、正在发生的每一件事，不简单地认为它是偶发的，要把这些事件都看作是具有价值的，并认为它的出现有其必然性，从而实现人与实践的平行，理论与实践的平行。尊重实践就是尊重人自己，尊重人的存在。以往理论控制实践的观点压抑了人的存在感，把人变作自然的附庸，而强调实践的逻辑，其实就预示着人的主体性的张扬，这才是揭示出真实的、复杂的教育的本来途径，平面化的研究总是在描绘、在刻画，只有转向实践，寻找本源的实践，教育研究才不会在高贵的谎言下自导自演一场美丽却不真实的梦。

当然，我们还需要认识到，"不同的实践领域具有不同的实践逻辑。不能用一种同质性模式来解释一切形式的实践。除非诉诸极度的抽象化，在具体的意义上，没有通用于一切具体实践的逻辑和模式"[1]，所以，不能以一种实践理论去全然套说教育实践的逻辑，教育实践的逻辑有其自身的独特性。尽管人们付出了极大的努力试图呈现教育实践的逻辑，但出于这种逻辑在一定程度上的不可言说性，我们或许仍然无法清晰地看到教育实践逻辑的脉络。在这里，我们应该感悟布迪厄"从反面论说实践"的机智，要认识到，提出实践的逻辑的意义并不是去拥有，而是遵从，或者回归。我们无须真正掌握实践的逻辑，实践的逻辑也不可能被我们完全掌握，但我们可以通过对实践逻辑的分析，使教育研究符合而不是违背教育实践的律动，并使其真正融入人的生长发展过程中去。

第三节　实践转向的方法论说明

教育研究的实践转向需要认识上的澄清，更需要方法上的操作。若仅仅在认识上厘清有关教育研究的诉求和走向，而不能将这些观念付诸实施，再深刻的认识也无助于生活的进步和发展。所以，在教育研究中，强调方法与强调认识同样重要。值得注意的是，在教育研究中对方法的强调并不是要规定在教育研究中使用哪种方法才是最好的方法，如果这样做，就会以技术化的手段掩盖问题解决的实质，无法凸显实践转向所强调的探究精神。在走向实践的教育研究中，我们需要在澄清认识论路径的基础上，来解释以何种态度、立场与视角选择何种方法才能不

---

① 刘森林：《实践的逻辑》，社会科学文献出版社 2009 年版，第 215 页。

违背教育的学术传统，才能真正反映出实践的诉求的问题，也就是说，研究者必须要进行方法论上的选择和决断，才能生发出推动实践转向更好发生的具体研究方法。

一　强调问题意识

任何一种研究都以问题为导向，研究自问题始，至问题终，没有问题无病呻吟的研究是没有价值的，正确树立问题意识是进行研究的第一选择。教育研究同样强调问题导向。吊诡的是，尽管教育研究从未声称放弃对问题的关注，此种意识却一直未能以恰当的方式呈现出来。长期以来，脱胎于哲学思辨的教育研究一直致力于构建大而全的理论体系，学院化的色彩浓厚，实践价值有限，招致了诸多批评。为化解这一困境，人们在教育研究中引入科学实证的方法，试图扭转教育研究的理论化倾向，树立一种以解决现实问题为取向的研究方式。平心而论，上述举措取得了显著的成效，且在一定程度上成功地改变了教育研究脱离实践的"痼疾"，使教育研究成为一种能够为社会生产、日常工作提供解释与支持的实践活动。但遗憾的是，随着科学实证方法在教育研究中的成功，开始出现不假思索地大量复制、使用某一种或几种业已被证明为高效有用的具体方法的现象，本来以解决问题为出发点的方法运用，在这里被异化为以应用方法为核心的问题解决，造成了研究中问题的淡出与方法的凸显，问题与方法倒置，问题意识最终被异化为"方法情结"。教育研究需要借鉴自然科学方法，但其所借鉴的方法务必要合乎教育实践的性质和特点，如果在未对方法的本质和特征加以分析的前提下，就盲目使用这一方法，必然会造成研究中问题与方法关系的不适切，这就是导致在许多研究中"'宏观'问题占了不少但空论不少，'炒冷饭'和'重复研究'居多，许多研究结果'无价值'或价值不明显"[1]，致使研究趋于停滞，甚至出现了"迷惘"与后退倾向的原因。即是说，尽管方向正确，但以此种方式强调问题意识的努力并未获得成功，未能给教育研究走向实践提供有益的方法论指导。

---

① 宋宁娜：《教育研究要增强问题意识》，《苏州大学学报》（哲学社会科学版）2008年第5期。

　　问题的解决确实需要恰当的方法，但在研究中任何一种方法都有自身的边界，相对于问题而言其作用是有限的，在意义与价值上无法取代问题。虽然在一定的条件下，涵盖不同范围、难易程度不同的问题有大小之分，但方法绝无大小之别。对应于问题性质的变化，研究者更应当适时地调整与选择适合问题的方法，而不是以偏概全，把任何一种具体的方法当作教育研究的全部方法，从而在研究中固守某一种方法。① 方法永远为问题服务，强调问题意识是指因问题来选择方法，而非以方法来决定问题，一旦把对问题意识的强调异化为对某一种方法的迷信，就会使研究重新回落到制作图式之中，非但不能实现教育研究的实践转向，反而很有可能在一定程度上阻碍实践转向的发生。② 方法是研究者由已知的此岸到达未知的彼岸而必须经过的一座桥梁，为研究者提供表达的可能性；问题是研究者进行研究活动的起点与终点，为研究者提供言说的对象与依据。在具体的研究中，问题也许只有一个，但方法绝对不能一元，如果研究中所使用的方法不是多元的而是一元的，可能的表达必然将会变成单一的表达，这并不符合生活多姿多彩、寻求多种可能答案的特性。所以，方法是为教育研究服务的工具，而不是控制研究发生的规则。基于此，研究者需要从各个层面、多维度地对教育进行表达，需要综合地、多样地、创造性地使用各类研究方法。如果在研究的过程中忽略了对问题的关注，反被方法所禁锢，教育研究将无法使教育成为帮助人成长与发展的重要生活方式。

　　之所以教育研究中的问题意识会被异化为方法情结，归根到底是由于功利主义作祟，致使人们在研究中更多地关注了问题的解决，而忽略

---

　　① 郝文武：《教育学的科学化和合理性——论近年来我国关于教育学研究方法的反思》，《教育研究》2002 年第 10 期。

　　② 时至今日，在我国的教育研究中，仍然有一批人在进行以方法为起点的研究。在这些研究中，并不是没有问题，但不管面对何种问题，研究者总是能够按照"十字绣"式的研究套路对其进行分析。即是说，在这种研究中，方法是固定的，行文及其分析的过程是规范的，所不同的只是话题的区别而已，产生结论对其而言就像流水线制作一般，只要有材料，就能造出成品。这些研究看似生产了大批针对现实问题的研究成果，但如果撇开研究中的数据，从模式上看则如出一辙。笔者认为，这些研究看似形形色色，但却是一种研究的无限复制，既不能持续提高研究者的学术水平，又难以得出创造性的结论，无助于教育实践的推进和教育研究空间的拓展。

了问题的提出。在某种意义上，提出问题比解决问题更为重要。解决问题意味着结束，提出问题则能够启动开端。从生活探究的本性出发，教育是一种寻找开端、创造可能的活动。为此，教育研究不能仅仅停留在解决现实问题的层面上，而是要通过对问题的解决引导人发现更多未知的领域，真正使教育进入人的生活之中，成为帮助人生长和发展的探究活动。然而，在今天的教育研究中，研究者的问题意识虽然较为明显，但却未能彻底摆脱功利主义的倾向，一部分研究往往会止步于问题解决，而未能以此为起点开辟新的研究领域，甚至有人把对问题意识的培养就视为具有终极意义的目的，致使问题意识本身成为一种可以被设计、操作的对象，问题意识在这里仅成为研究中的一个抽象概念而不是一种实践诉求，仍然未能给教育研究提供恰当的方法论基础。①　其实，"世界上根本不存在中立的教育过程。教育要么充当使年轻一代融入现行制度的必然结果并使他们与之不相背离的手段，要么就变成'自由的实践'，也即人借以批判性地和创造性地对待现实并发现如何参与改造世界的途径"②，在教育研究中强调问题意识的意义和价值，不是为教育确立目标，也不仅仅是为了寻求生活适应，而是要使人在对问题的反思中获得超越和发展的途径，从而能够创造性地脱离各种形式的压迫，

---

①　在一些研究中，"问题意识"仅是行文过程中所涉及的一个概念，是在研究者自己的主观世界中想象和从学者之间的互动中拟构，或者"画地为牢"并"鸵鸟觅食"般地在各自的学科辖区和材料内去爬梳出来的。这种做法可以产生问题，但此种问题对教育实践的推进并不能起到多大的作用。笔者认为，问题意识绝不是一个抽象的学术概念，而是在直面生活世界和社会文化的过程中的实践活动，是贯穿于研究过程始终的自觉行动。只有以实践的方式去看待、践行问题意识，才能产生真正的"问题导向"的研究。此外，学术界对于问题意识的异化严重地影响了实践界中对于教育问题的认识，致使相当一部分中小学教师混同了"教育问题"与"教育目标"间的区别，对他们的教育教学造成了严重的干扰。如"人的全面发展"是作为教育目的被提出的，其旨趣在于为教育者提供教育的方向与理想，在落实这一目标的过程中，教育者所遇到的观念与现实中的阻碍才是问题。所以，要进行以人的全面发展为目标的教育，不能以这一概念为前提，而应关注现实中阻碍教育实现人的全面发展的因素。但由于问题意识趋向概念化的影响，一些教师往往会把"人的全面发展"作为一个"教育问题"来进行研究，从而产生"老虎吃天，无从下爪"的感觉。这不仅给教师的教育教学造成一定程度的困扰，更造成了他们对教研、科研工作的拒斥。

②　[巴西] 保罗·弗莱雷：《被压迫者教育学》，顾建新等译，华东师范大学出版社2001年版，前言第5页。

最终以解放的姿态走向"自由的实践"①。

　　看来，使教育面向人的超越发展才是在研究中强调问题意识的关键。但长期以来，这种强调要么被异化为对方法的盲目推崇，要么被打上了功利化的烙印，导致研究中"问题意识"非常突出，但教育研究自身的"问题"也不少，实践的诉求并未由于对问题意识的强调而显现出来。问题意识不是一个抽象的概念，更不能带有功利的性质，从本质上来说"它主要意指一种反思性的'构造'行动"②。换言之，问题意识既是一种研究之前的思想准备，更是一种贯穿于研究全程的行动，研究采取何种态度，选择何种方法必须从问题出发，但随着对问题的深入分析，又必须随时对方法进行整合或者调整。如果对问题的思考仅仅停留在抽象层面，或是以功利的目的掩盖问题的实质，问题意识并不能成为促进研究走向实践的动力和基础。为此，在教育研究中恰当地呈现问题意识需要注意以下几点。

　　第一，要对教育问题进行梳理与甄别。杜威说："今天的教育问题是更深刻的，更尖锐的，更困难的，因为它要面对近代世界的一切问题"③，这意味着今天的教育问题是一个由社会、教育与人所共同组成的系统性的、整体性的问题。面对这些问题，管中窥豹式的研究不能得其要领，"胡子眉毛一把抓"式的研究也并不可取，复杂的问题背景要求教育研究必须既要有理论上的概括，又要有现实中的操作。为此，教育研究并不能采取"单程"的、无反思性质的方法，而应采取"在这里、去那里、回

---

　　①　保罗·弗莱雷说："教育作为自由的实践——与教育作为统治的实践相反——否认人是抽象的、孤立的、独立的、与世界没有关联的；它也否认世界是脱离人而存在的现实。真正的反思考虑的既不是抽象的人也不是没有人的世界，而是与世界有关的人。在这些关系中，意识与世界同在；意识既非先于世界，也非后于世界。"（参见〔巴西〕保罗·弗莱雷《被压迫者教育学》，顾建新等译，华东师范大学出版社2001年版，第32页。）这即是说，教育问题并不是一个单列的、与生活无涉的问题，教育研究中的问题意识应当是人关于己身存在的思考，是一种以人的存在为前提的反思而不是忽略了人的设问，这与我国"古之学者为己，今之学者为人"的说法不谋而合。教育研究中的问题意识并不能成为一种为研究所需要的、为了显示研究水平而提出的概念，而应与关于人生的、生活的问题联系起来，教育研究中的问题应是致力于解决人的生长与发展的问题。

　　②　赵万祥：《论教育哲学研究的问题意识》，《教育理论与实践》2010年第12期。

　　③　〔美〕约翰·杜威：《人的问题》，邱椿译，上海人民出版社1986年版，第31页。

到这里"式的具有"往复"特点的质性研究方法，并重视涉身研究的价值。要重视对教育问题大小、真假的甄别。不同的教育问题在一定范围内、不同的情境下会有大小之别，但某些情况下，大问题可能会变成小问题，而小问题由于涉及重要的环节又可能变成大问题；有些问题看似问题，却是为了某个功利的目的人为制造出来的问题，有些问题原来不是问题，随着实践的发展又成为新的问题。针对教育问题的上述特性，研究在方法的使用上要灵活多样，要针对具体问题进行具体分析。

第二，要寻找问题意识的发生机制。研究需要培养问题意识，但问题意识的养成并不代表刻意地用怀疑一切的眼光审视教育活动。问题意识的发生来源于教育自身的探究属性，如果我们能够意识到教育就是一种冒险的活动，具有开拓创造的特点，教育的过程就是解决人生问题的过程，而不是坐享其成、等待成长的过程，我们自然会以动态的探索展开教育活动，而这种行动本身就是问题意识的展现。所以，与其刻意培养所谓的问题意识，不如以行动研究的方式真正践行教育。

第三，要把问题意识真正转化为探究的行动。在教育研究中强调问题意识并不仅仅是为了使研究活动不断发展、不断突破，最终以专门化的研究活动来促进教育的发展。教育研究中强调问题意识的特殊性在于，使教育成为能够关注人的问题，能够以持续发展和探索的姿态处理人的发展与生活问题的活动，最终使教育本身成为探究人生的过程。

二　重视主动深度介入

在"局外人"或者"局内人"信条①的基础上，教育研究中一直存

---

①　"局内人"、"局外人"的说法自20世纪末就已经引入我国教育研究中。作者查阅到的最早的文献是陈向明在《社会学研究》1997年第6期发表的《质的研究中的"局内人"与"局外人"》一文。在文中，陈向明论述了研究者以"局内人"或"局外人"身份进行研究的利弊，并对研究者如何进行角色的转换与研究角色选择与研究结果"真实性"之间的关系进行了阐释，引起了较大的反响。随着质性方法在教育研究中的运用，研究者在介入实践的过程中对角色与态度的选择之于研究的影响越来越被人们所重视，因而关于"局内人"和"局外人"的讨论也越来越深入，受此启发，以叶澜为代表的研究团队提出了"深度介入"的全新研究方法论。详见伍红林《论"深度介入"式的教育研究》，《高等教育研究》2009年第3期；王曰美、孙元涛：《教育学者介入实践的方法论思考——关于"局内人"、"局外人"信条的反审与重构》，《教育学报》2009年第4期；叶澜：《略论"新基础教育"研究之路的若干特征》，《基础教育》2011年第2期等文献。

在着关于研究者如何参与实践、以一种怎样的方式进行研究的争执，前者是有关研究者身份选择和角色扮演的问题，后者则是关于研究者的立场与态度的问题。"局外人"的信条从"当局者迷"这一公论出发，认为研究者若要准确地抓住问题的实质并对其做出客观、公允的分析，就必须"置身事外"，刻意地保持与研究对象的距离，以通过距离的增加来阻断文化、情感、价值等因素对研究者的干扰，来获得在科学意义上的真实的结果。这种研究方式是以实证主义为基础的"旁观者"式的研究，其旨趣在于通过对研究过程中不可控因素的排除，来获得确定的、客观的、精准的答案。但以"局外人"的身份进行研究，虽然可以以冷峻的、严肃的口吻描述、分析其所面对的对象，避免了环境对于研究者身份的消融，但由于刻意地保持了研究活动与实践的"绝缘"关系，难以达到对研究对象的深度理解。同时，"不想介入"并不代表"不会介入"，理论的生成总要受到实践的影响，"局外人"不可能永远保持对实践的"绝缘"。

　　"局内人"的观点恰好与"局外人"的态度相反，认为，"要理解凯撒，就必须成为凯撒"，因此，研究者在研究的过程中必须要"置身其中"，以与研究对象共同生活的方式来领悟行为、感情和价值观的微妙意义，从而保证研究结果之于研究对象的适切性与可行性。这种研究重视文化、人际交往与特定知识等因素，能够以细腻的描述揭示出接近真实状态的教育。可以看到，强调以"局内人"的身份参与研究，是对长期以来"旁观者"式的研究传统的反叛，"作为旁观者，你能理解演出所包含的'真理'，不过，你必须付出的代价是不参与演出"[①]，因而，在呼吁教育研究回归生活世界的前提下，选择以"局内人"的身份进行研究越来越受到人们的青睐。但客观地讲，尽管"局内人"的研究方式较为迎合教育研究走向实践的需要，亦存在一些难以克服的缺点。第一，"想要参与"并不代表会"真的参与"，作为一个他者的研究人员即便做出极大的努力，也不见得会真正成为"局内人"。第二，研究者保持"局内人"的姿态需要研究者拥有难以想象的克制力，因

---

　　① ［美］汉娜·阿伦特：《精神生活·思维》，姜志辉译，江苏教育出版社2006年版，第102页。

为研究者一旦置身于真实的教育情境之中，难免会受到环境的影响，从而会因为过多的情感参与丢失自身的研究者身份，使研究变成一种极具个人气质与情感色彩的宣泄，而不是能够反映真实情况的学术表达。第三，即便研究者具备克服上述困难的能力，但又何以保证他们的研究真正"走进"实践而不仅仅是"走近"了实践？第四，"激进的局内人信条实际上否定了一种外部研究的可能性，它不仅导致了知识的武断占有和知识群体之间的隔离，而且直接否定了人与人在情感、理性等方面的共通性。甚至在一定意义上说，激进的局内人信条从根本上否定了研究的可能性"[1]。所以，仅以转换研究身份的方式，并不能保证教育研究走向实践。

　　教育研究是一种事理研究，它"既研究'事'的存在状态，也研究'事'的发展过程，更关注行'事'的合理性和有效性，以及行事过程中的预测和改进。同时，寻找'事'的发生发展过程中的'理'，即'事'的发展特点和规律：行事的必然性、可能性和可行性依据，达到办好事也办成事的目的"[2]，因而需要客观的、公允的表达以阐明教育这一"人为之事"的行事依据及其有效性、合理性，从这一点出发，以"局外人"的方式观察与分析符合教育研究的需要；但作为一种为人之学，教育研究更需要研究者参与实践，才能窥望教育的内在机理与价值诉求，以获得有关教育的深度理解。所以，以"局内人"的身份介入实践又必不可少。可以说，在身份选择的问题上，并没有多少空间可供研究者迂回，最为恰当可行的方式是谋求一种"边缘性"的角色或中立立场。可是，研究者一旦以中立的身份参与实践的变革，为了保持这种身份不发生变动，他的"作为"程度必定将非常有限，甚至无法作为，而"不作为"的研究者之于教育研究本身是没有存在的必要的。研究者介入实践的目的在于推动教育研究更好地走向实践，如果研究者自身的作用难以在研究中显现出来，此种介入的意义和价值又何在？看来，在寻找恰当的研究方法的时候，如果一直聚焦于研究者身

---

[1]　王曰美、孙元涛：《教育学者介入实践的方法论思考——关于"局内人"、"局外人"信条的反审与重构》，《教育学报》2009 年第 4 期。

[2]　孙俊三：《教育研究的境界——论教育学的学术品格与学术精神的追求》，《教育研究》2005 年第 11 期。

份的选择，将无法为教育研究提供可行的方案。

毋庸置疑，研究者需要介入实践，而介入一定会打破原有的平衡，从而"搅动"实践，人们之所以产生研究身份上的纠结，就在于担心研究者的介入对实践产生破坏性的影响。事实上，"'能介入'意味着'有开放'"①，作为生活探究，教育并不会保持绝对的静止，也并不总是在维持着一种微妙的平衡，而是在动态的发展中生成各式各样的生活。教育不像一潭死水般波澜不惊，出于对促进生命成长的坚守与执着，教育的内心永远富有生命力，是激昂和开放的，教育研究的方式手段要与教育内生的热情与冲动相符，才会促进教育的进步和发展。所以，尽管研究者的介入会打破教育中原有的平衡，但平衡的被打破才能为新思想、新方法的逸出提供缝隙。在介入实践的方式考虑上，研究者不应过多地关注身份的选择，更不应过多地担心对实践的介入会扰乱正常的教育秩序，而应把焦点放在研究者的态度选择上面，更多地关注以何种行动才能恰当地介入实践，并顺应教育动态发展的学术传统。教育研究是一种行动的研究，在这里，超越的、冒险的、追求实践进步和发展的学术传统比任何其他因素都更为重要，相对于静止、孤立的研究方式，教育研究更多地强调行动的作用，而不是研究者的身份选择。身份的选择是一个理论思辨的问题，采取行动却是一个实践的问题。在促使教育研究走向实践的过程中，我们不如暂时抛开身份抉择上的两难困境，更多地强调以行动的方式主动介入实践，这样才能找到恰当的研究方式，彰显教育研究的实践的诉求。

实践是一种具有高度包容性的活动。所谓高度包容性，一是指实践具有开放的边界，为研究者既能够介入实践、又能够抽离实践提供了可能；二是指实践本身就是由诸多异质的、复杂的、混合的行动共同组成的，因而它允许人们采取多种方式对其进行探究。开放的边界打破了研究者在身份选择上的困境，因而，在介入实践的过程中，研究者无须为了保持自身的独立性而对实践退避三舍、噤若寒蝉，也无须在实践中担心迷失自我、不能自拔。在真正的实践过程中，并不绝对存在研究者与研究对象相互吞并，或者转化的关系，研究者无须担忧自身的介入会引

---

① 杨小微：《教育学研究的"实践情结"》，《教育研究》2011 年第 2 期。

发实践中各种冲突与矛盾的出现；相反，研究或许还需要在一定程度上引发矛盾与冲突来展示问题之所在，在冲突与矛盾中，研究者才能找到切入问题的节点，并对问题的体验和解决形成一个复杂的探究方式。这即是说，实践的特性允许研究者深入实践进行探究，并"以自己之生命与教育现场在场之所有生命交流与沟通，如同植物一样，深深扎根于实践的泥土，熟悉学校教育实践的'泥土'生活，了解学校的特质、人与事，并全力介入学校日常生活所遭遇的实际问题或困难之中，了解并以理论逻辑适度干预实践逻辑，与实践者一起变革实践、寻求实践和生命发展的新的可能性并创造出新的实践形态和生命形态"[①]。主动深度地介入实践对研究者来说并不存在"局内人"、"局外人"的区分，在行动中，研究者既不是一个外部的观察者与指导者，也不全然是一个中小学教师，他是一个保持着未成熟状态的聆听者和思考者，并愿意在研究的过程中成长起来的人。他就是一个进行教育的人，他通过行动使教育与研究，研究与实践相互嵌合，并内在沟通。

　　主动深度介入代表一种倾向，而不是单一的研究方法。它需要全程性的实践研究，这要求研究者必须实现自身对原生态教育实践的置身式介入。在介入过程中，理论者用心观察、感受、体验、解读实践领域中的人与事，并与实践者进行面对面的交流与沟通。所以，深度介入并不是研究者为教育提供"警告"或者"启示"的研究方式，而是直接进入具体的教育过程，通过与实践者的合作研究来解决教育实际问题，并在这种问题解决中寻求理论的发展点，实现研究与实践双赢发展的研究方式。主动深度介入也不是什么高深的研究方法，更不是学院化的研究方式，日常的、一般的行动相对于学院化的知识分析更具深度介入的性质。其实，使教育者进入实践，就是使教育研究者带着一颗平凡的、朴素的、真诚的心，带着对教育无限的热爱和希望看待教育，当把教育活动视为正在我们身边发生的平凡的事以后，我们也就自然而然地介入了实践之中。虽然理论准备非常重要，但也不能因为需要理论的升华而养成高高在上的心态。相反，理论越是高深，态度就越是应该谦卑，研究者才能在介入的过程中更好地聆听、体验、感受、总结。也许在这里，

---

① 伍红林：《论"深度介入"式的教育研究》，《高等教育研究》2009 年第 3 期。

苏格拉底视自己为最无知的人的态度才是真正的介入实践的保证。总之，主动深度介入是一种研究者与被研究者互为主体的研究，在这种行动中，研究者的角色是多元和动态的，他"既可以从'内'到'外'，也可以从'外'到'内'；既可以由近即远，也可以由远即近，既可以是单一的也可以是多重的。研究者正是在与被研究者之间这些丰富的互动关系之中一起协商和建构着一个构成性的、不断往前发展着的'现实'"①。

三　进行复杂研究

复杂科学是以研究自然、社会的复杂性和复杂系统为核心，并揭示其运作、演变规律的科学，在许多方面尤其是在思维方式上表达了和传统的观点完全相反的思想。复杂科学认为，在复杂系统中，"混沌就是生命和创造力的源泉，并且生命和创造力并不按事先设计，而是通过导致自然输出的瞬间自组织过程造就的。系统本身产生自己的行为模式；系统包含行为主体网络，每个行为主体在循环的非线性反馈的作用下产生具有固定模式的未知输出。复杂自适应系统只有通过系统运行，才能逐步产生内在秩序。并且实际上，直到秩序适时展示之前，没有人知道其内容。在特定的条件下，让一个系统中相互作用的主体在看似混沌无序的状态下进行自组织，产生的不是无序，而是任何行为主体都没有梦想到的创造性输出"②。如此，系统中的混沌与不确定性、系统内许许多多独立因素相互作用而形成的自组织的地位被凸显出来并赋予其本体论的意义。复杂科学的创立与发展主要立足于自然科学领域，其成果也主要反映在如上领域中。但时至今日，其成果之价值与适用性已远远溢出某一领域成果本身价值的层面，而上升为一场新的方法论层面上的思潮，并已为政治、经济、文化、教育等领域的研究提供了一个全新的思维方式与视角。

如今，没有人会否认教育是一个复杂的系统，教育与整个社会的变革和发展，与社会政治、经济、文化等各个组成因素之间，与人的个体

---

① 陈向明：《质的研究中的"局内人"与"局外人"》，《社会学研究》1997年第6期。

② 么加利：《走向复杂：教育视角的转换》，博士学位论文，华东师范大学2002年，第1页。

发展之间具有复杂的相互关系已成为学界的共识。没有人会尝试继续用一种简单的、线性的眼光与视角审视教育，复杂研究已成为教育研究的趋势。诚然，教育是复杂的，但具体复杂到什么程度，在面对复杂的教育问题时，如何进行综合的、整体的、多样的研究，不同的人有着不同的理解。一些人从系统论的观点出发，主张关注教育系统的整体性、协同性，从而超越简单化的线性思维、因果关系的制约，寻找多样的、综合的研究方法；还有人将复杂科学引入教育研究，主张在研究对象上做到"整体"与"局部"相结合，在研究目的上做到"实然"与"应然"相结合，在研究方法上做到"解释"与"实证"相结合，在研究过程上做到"行动"与"思辨"相结合，在研究结果上做到"理性"与"感性"相结合。此种主张是对系统论观点的改进，也符合复杂科学深化一般系统论，重视系统的自主性、个体性概念、整体与局部关系等方面的研究趋势，因而产生了极大的影响，并掀起了复杂教育研究的热潮。在这里，我们暂且抛开系统论和复杂科学对教育研究带来了哪些具体影响、创生了哪些研究思维和方法等问题，仅从复杂教育研究本身的出现上看，不难得出这样的结论：复杂教育研究的出现是"搭载"其他理论的结果。其实，由于"娘胎里的不足"，教育研究的发展总呈现出一种被其他理论"牵引"的趋势，有关教育研究的新认识与新方法总是在其他理论的引发下才得以出现，教育研究自身的原创力相当匮乏。当然，我们也可以这样来理解复杂教育研究的出现：教育自身的复杂性使得传统的教育研究存在表达上的困难，但外来的理论却可以提供一种教育研究自身并不具备的言说方式，使此种复杂性得以表达出来。问题在于，当教育理论完全成为其他理论的"回声"后，这一理论又能剩下多少"教育"的元素？长期以来教育研究被诟病为其他学科的"殖民地"，难道就不是这种外来术语充斥其中，反而削弱了教育研究自身特性的表现吗？

就复杂教育研究的出现而言，我们承认复杂理论施予的影响。作为一种以促进人的发展与实现美好生活为旨归的探究活动，教育研究不能固守一隅，面对这样一种影响广泛、深远的思想，教育研究需要从复杂理论中汲取营养，以拓宽自身的视域，创生出多种多样的探究形式。但教育具有复杂性的特点并不是由于复杂理论的出现和启发才被人们察觉到的，不管在古代还是今天，人们在分析、进行教育活动的过程中所展现出来的教育教学智慧，如对教育教学原则的论述、学校组织形式的创新、课程资源的建设等，都反映出即便没有复杂理论的启示，人们也并未对教育进行简单化的处理，而是自觉地把教育视为一种复杂的活动，并顺应着教育生发于生活、实践的特点，力求通过多样的、综合的方式实现教育目的的诉求。遗憾的是，进入工业时代后，还原论的、强调因果关系的线性思维逐渐主导了教育研究，致使人们不再从教育自身出发去认识教育，而更愿意按照理论化的方式处理教育活动，导致了教育研究的简单化，教育的复杂性虽然并未因此发生变化，但单一的视角选择却使得人们在很长的时间内忽视了教育原有的复杂性。教育与生活同构，生活多样、动态的特点决定了教育不得不寻找多种可能的方式进行生活探究。所以，从实践的立场出发，与其将复杂教育研究的出现归结为复杂理论启示的结果，不如将其看作是教育自身意识的觉醒，看作是教育研究努力寻找自身的研究方式、努力使自身名副其实的实践诉求的表现。教育自身的复杂程度并不由哪种理论或者视角所决定，教育的复杂性质由生活与实践的复杂性质决定。从这一点来理解复杂教育研究，就必须克服以"推演"或"应用"的模式，即从复杂科学所隐含的基本原理和思维方式出发，推演出教育系统所具有的复杂特征的做法——因为推演出的这些特征仅仅是逻辑或理论上的，只具有假设的意义，其真理性还必须接受事实或实践的检验。要认识到，复杂教育研究的出现，符合教育作为生活探究的本体属性，是教育寻求完整生活与人的发展的实践意图的展现。

作为生活探究活动，教育既可以是一种简单的活动，也可以是一种复杂到极点的实践。之所以说教育是一种简单的活动，是因为教育蕴含于日常的、平凡的生活之中，它没有更多的关于培养一个怎样完美的人、创造出一种惊人的结果的雄心壮志；使人能够生长，使生活能够延续的学术传统本身是朴素的、实在的要求，并不高于任何生活以外的目的。说教育是一种复杂的实践，是因为，基于生活的变幻无常与人发展的无限可能，教育是一个冒险的过程，需要采取多种方式方法、运用多种手段，才可能找到对某一时空领域中的人来说适合的教育，但这一教育方式旋即会因为动态的发展而变得不再有效或者效力减弱。教育总是处在不断地寻找和探索之中，总是需要人在任何时刻都开动智慧，以清醒的头脑观察、分析生活。所以，方法的混合与搭配、学科的衔接与跨越、技术的综合与运用等方式既可以反映出教育的复杂程度，也是对原本就复杂的教育来说适切的研究手段。如果不能够从根本上理解如何要使用这些手段方法的原因，所谓复杂的教育研究仍然是跟随着某些理论的发展而衍生的，而不是真正以教育为指征的探究活动。

进行复杂的教育研究，归根结底是由生活的复杂性和人的复杂性决定的，符合冒险、开拓、多样的教育学术传统。复杂研究更多地表现为一种思维倾向，而不是方法的混合与搭配。把复杂研究降低到具体方法使用的层面上，并不能完全反映出教育自身的复杂特性。复杂一词在这里仅表示教育活动本身的综合性、动态性、开放性等特征，并不表征教育是一种难以靠近的、繁多的无法捉摸的活动；复杂研究在这里仅表示一种研究的思维和方式，指研究要脱离线性的、因果决定论式的简单思维，而不是以复杂的名义提升研究的身价，要以一种整全的、发展的、综合的思维去指导研究活动。就像教育的发展不会终结一样，复杂研究也不会产生一个完美的模式，"而是试图建立一个借以高屋建瓴的概念体系，来吸引和敦促人们关注到蕴藏在现象背后的共通性的特征——表面上看它们似乎毫不相干"①，复杂研究将永远引导教育"在走向美好的途中"。

所以，在进行教育研究时，关注教育自身的复杂属性比从复杂科学那里直接借用理论信条要重要得多，这即是说，从方法论的层面来看，相对于强调具体方法的综合运用，教育研究需要更加强调思维方式的变革。

第一，要重视教育的过程性。"教育即生成：生成来源于历史的积聚和自身不断重复努力"，"生成就是习惯的不断形成与不断更新，这是一个人秉承自持的重要过程"②。教育是一个既有历史性，又具开放性的自我创造者，教育的过程性由人生长发展的过程性所致，不能将焦

---

① ［加］Brent Davis：《复杂理论与教育》，康长运译，张华校，《全球教育展望》2008年第1期。

② ［德］卡尔·雅斯贝尔斯：《什么是教育》，邹进译，生活·读书·新知三联书店1991年版，第14—16页。

点过多地集中在对"教育是什么"的追问上，而要更多地关注"教育如何生成"的过程，并在这种关注中把握教育的生成样态，寻找符合动态教育发展观的研究方式。过程视野中的教育没有外在的目的，只有内在教育目的，即每一个教育行为都是为它自己而创造，每一个人都是为了他自己而创造，每一个部分都为整体的教育利益而努力，为了人的发展和谐地组织在一起。教育自身的目的在于超越知识，生成智慧。

第二，破除实体性思维的影响，强调教育结构中的关系。人只有通过沟通交往才能获得发展，教育必须要对影响沟通交往进行的每一个因素都进行关注。所以，教育绝不由一个个相互独立的"单子"因素组成，教育中的任何因素都处于与其他因素的互动关系之中，这种存在于教育中众多甚至不计其数的相互作用、相互反馈的关系赋予教育以复杂的性质。在现实教育中，教师、学生、教学环境等因素相互汇集、碰撞、缠绕、组合，并生成一个新的教育事件，此事件随即又会成为下一个教育事件的客体材料，教育始终处在教育事件生成灭亡的循环周期之中。教育不可能被统一在客观与恒定的某种"规律"之下，进行教育活动必须以尊重教育中各种因素间的关系为前提。

第三，反对预设思维，强调教育的开拓性。人的成长离不开具体的情境，而人所遭遇到的情境总是千变万化的，面对复杂、变化的生活情境，教育研究的过程就不能是对种种预期计划的执行，而是伴随教育过程的展开而不断生成创造的过程，在进行教育研究的过程中，必须注意到，人的生长发展时刻在发生变化，因此，不能墨守成规，以某种固定的模式来解答人生所遇到的每一个问题，而应随着情境的变化有针对性地开展研究活动，如果仍视教育为固定的、僵化的活动，必然将导致教育研究的词不达意和易被误解，使教育研究重新回到临摹其他研究方法，而不是从自身出发探索教育本性的模式中去。

第四节　教育研究的学术转向与时代的选择

对教育研究何以走向实践与如何走向实践的讨论并不是对时下理论呼声的随声附和，而是对当下正在发生着的教育改革合理性的说明。从本质上讲，教育研究之所以需要走向实践，是教育实践对脱离人的生长，阻碍人的发展现象的自发纠偏，表达出教育的学术传统诉诸行动的旨趣。严格说来，教育研究实践转向的发生是一种具体的行动，它突出地体现在实施多年的教育教学改革、有关课程理念的研发与实施中所出现的问题、现实中广大中小学教师所遭遇到的困难和所采取的极具个性化的解决方式等现象中，是一种实实在在的、正在发生着的探究活动，而不是脱离教育现场的理论指导。当然这并不是说，教育研究的实践取向不能以理论化的方式出现，研究者只能以消极等待的态度迎接教育实践自身发生变化，更不是要取消理论研究的价值，任由教育实践自由发展；而是说，实践以其开放的边界允许理论的深入，尽管理论说明的方式无法展现教育研究走向实践的原貌，更无法预计或者规定实践转向的下一步行动，但研究者仍然能够参与到这一行动中，并以构建实践的教育理论的方式更好地使教育研究成为一种伴随着具体的教育教学活动而开展的一般教育行为。换言之，只有在研究者与实践者的共同参与下，在理论与实践的相互配合下，教育研究才能更好地发挥促进人的生长发展的作用，成为一种为生活所需要的探究活动。所以，作为理论工作者，如果因提出了某种符合实践需要的理论、规划了某项成功的教学改革而沾沾自喜，认为选对了路子、跟上了时代，则仍然未能真正介入实践；作为实践工作者，如果仅盲目乐观地开展教育教学活动，不假思索地进行教学改革，认为进行了探究，总结并发展了理论，则未能拥有自觉的探究意识，也无法真正认识实践。教育研究走向实践并不是提出一种理论或者进行一次改革，对我们（研究者与实践者）来说，更多的是要使以探究促进人的生长发展的行动成为常态的行为，成为我们的一种生活方式。也只有做出这种选择，研究者才不至于又一次被实践抛弃，在不自觉间成为阻碍教育变革的负面力量；而实践者也不至于又一次置身于理论之外，甚至成为理论的对抗者，教育研究由此将成为研究者与实践者共同开展的、融理论与实践于一体的日常活动，从而帮助人们实现延续生活、规划美好人生的最终目的。

一　研究者的选择

角色选择。长期以来研究者一直扮演着教育的代言人的角色。研究者之所以能够成为教育的代言人，是因为他们不仅负责解释教育现象，更负责指导教育实践。的确，研究者掌握着操作理论符号的技能，是理论的占有者和创造者，同时，为了能够使理论更具现实性，研究者也往往会舒展感官的触角去观察和倾听、捕捉现场细节，为理论寻找足够的证据。所以，在一般情况下，教育研究者们的理论能够在一定程度上解读实践，并用以指导实践，这种理论相对于实践者的经验描述、总结，或者散乱无章的情境描述来说具有高度的概括性，可以作为教育实践的反映而存在并被使用。但这并不足以使研究者完全成为教育的代言人，这是因为，代言教育的前提是能够完全理解、解释教育，而作为一种促进人的生长发展的动态活动，没有任何一种规范的、确定的理论能够反映出教育的全貌，教育理论只能跟随实践的变化而不断修正、完善自身，在此基础上，"以理论摄取为起点，以对实践的观摩和体察为手段和中介，以新的理论获取为终点"[1] 的工作方式使研究者不可能，更无法代言教育。所谓教育的代言人的角色，其实是研究者自封的称号，而不是被实践所认可的角色。教育无法被代言，历史证明，试图以大而全的理论体系解读教育的尝试均以失败告终，研究者与其成为教育的"指导者"，不如成为"提议者"；与其成为教师的"导师"，不如变身为他们的"伙伴"，研究要把教育现场视为研究的场所，视理论工作为教育活动的一部分而不是高于实践的活动，以参与者的身份开展研究才能真正理解教育。对研究者来说，运用感官对教育现场的感受、解释和解读只是教育研究的前期工作，他们的任务在于帮助教师设计、创造教育现场，这是一种深度的参与，也是有相当难度的参与，但它却是回到教育现场的最终目的和最高境界。回到现场，首先是为了成为教育现场的观察者、欣赏者和研究者，更重要的却是成为现场的体验者、参与者、改造者和创设者。

态度选择。王策三先生在最近讨论"新课程理念与课程改革关系"的文章中表达了这样一个观点："新课程理念"在介入课程改革的过程中遭遇到"穿新鞋走老路"的尴尬是因为未能尊重教师的选择，未能尊重改革的根本原理的结果。他说，"教师之所以'穿新鞋'而依然

---

① 李政涛：《对教育研究者生存方式的省察》，《教育评论》2001 年第 6 期。

'走老路'，实质上就是在'自发纠偏'"，"教师们对'穿新鞋'的'纠偏'并非自觉，而是近乎教育、教师职业本能的反应；同时，他们的'走老路'也是无可奈何、迫不得已的，也是自发的而不是有着明确意识的"，"人们诉求通过改革探究出新的课程教学模式，必须根据教育改革的根本原理，从实践出发，通过实践，在实践中统一地而不是分割地实现推陈出新，并接受实践检验，反复进行。离开实践的关于教育改革的谈论，都是错误的，虚幻的，行不通的"①。他强调尊重教师、依靠教师、相信教师的观点是作者所赞同的。教师并非毫无主见、任人摆布的教学工具，而是能够独立思考、敢于探索的教学主体。在很长一段时期内，人们虽然承认、甚至过度渲染教师的主体作用（如我国在推进新课程改革的过程中，受到广泛抨击的"传统教育"的弊端之一就是未能尊重学生的主体地位，夸大了教师的作用，这实际上也是在证明，"传统教育"中教师的地位在教育教学的价值序列中占据较高的位置），但这种强调是以视教师为忠实的"理论执行者"或"政策执行者"为基础的，在这种认识中，教师可以成为一个拥有高超教学技术的人，但他们与理论的研发者这一身份却始终无缘，其所强调的教师主体作用仅仅是在理论上的强调，而不是实践中的认可，事实上降低了教师作为改革主体的地位，是典型的工具论的观点。研究者视教师为工具，自然会漠视教师的感受与体验，所以，教师在教学过程中"近似本能"的反应与总结可能会引起研究者的关注，也可能被吸纳进研究者的理论体系，但绝不可能成为真正的理论。这就造成了理论研究不接受教师的参与，教师的行动得不到理论认可的现象，自然会引发研究者与教师之间的冲突。就像《学会生存》中所谈到的，"革新理论家们设计的许多方案，其目的似乎是强加在教师们身上的，是向他们提出的，而不是和他们共同提出的。这种专家统治论的家长作风是由于他们不信任教师，因此反过来引起了教师对他们的不信任。总之，教师们并不反对改革，他们反对的是别人把改革方案交给他们去做的那种方式，更不用说把一个改革方案强加在他们身上了"②。研究者需要认识到，教师在实践过

---

① 王策三：《对"新课程理念"介入课程改革的基本认识——"穿新鞋走老路"议论引发的思考》，《教育科学研究》2012 年第 2 期。

② 联合国教科文组织：《学会生存》，教育科学出版社 1996 年版，第 222 页。

程中的总结、感受并不是无的放矢的言辞，而是在丰富经验基础上的探究结果，研究者不能因为这些观点的非理论化的表达或内容就指责他们是在无理取闹或者发表奇谈怪论，研究者必须要"与实践者共同提出"，而不是"向他们提出"行动方案，必须要确立尊重教师的观点。只有尊重教师，研究者才能得到尊重，使自身更好地参与到变革的实践中去。

　　行动选择。面对教育研究走向实践的时代潮流，研究者需要尊重教师的力量，需要扮演伙伴的角色。简单地说，教育研究的实践诉求要求研究者必须做出脱去学术长袍、走入教育实践的选择。走入实践、亲近实践的观点在本书中被反复提及，但若要使观念转化为具体的行动，则需要研究者真诚地去经历教育情境，而不是单纯地将其作为一个专业问题或者学术问题来理解。如同杜威、陶行知、裴斯泰洛奇等人一样，研究者不仅仅要改变研究方式，更重要的是改变专业化研究的行为习惯，以获得一种真实的研究经历。面向实践、促进实践变革的研究不可能只有唯一的类型和途径，教育研究的方式和教育理论的生成路径可以通过间接思辨而获得，也可以通过直接关注和关联实践进行，是多种多样的。到底如何处理自身与实践的关系，如何摆正自己在实践中的位置，并更好地行使自己的实践责任，研究者无法靠一般的理论演绎来得出答案。但是，在这个教育大变革的时代，如果研究者还想行使和体现自己的实践责任与价值，那么他研究的问题和进行理论研究的基本动力构成中就不得不考虑教育实践对理论的诉求。研究者要使实践的诉求真正化为自身的行动，改变理论与实践相互脱节的状况，就必须了解教育变革进行的状况、推行的策略、教师对变革的反应和新的发展需求、实践发展的新空间和条件等一系列问题。即是说，研究者要"做一个有理想而脚踏实地的教育科研工作者"①，才能真正关心人的发展、促进人的学习与自我成长。当然，研究者或许对如何回答上述问题并不十分了解，即使有了解也未必会有现成的答案，但这些都是正常的，因为正是这种不了解和没答案，才正体现了研究的必要和价值，体现出教育作为探究

---

　　① 朱小蔓：《做一个有理想而脚踏实地的教育科研工作者——读〈胡克英教育文集〉有感》，《教育研究》2003 年第 7 期。

人生长发展活动的学术传统，也说明了研究不是拍脑袋写文章，它需要一个真实的经历过程。

二　实践者的选择

（1）观念选择。当教师已然被卷入时代的洪流，并参与到教育研究的实践转向这一重大历史事件时，若不能正确看待这一趋势，以恰当的方式参与这一变革，他们将无法顺应时代的呼声，并有可能在不自觉间成为阻碍实践发展的负面力量。笔者认为，教育改革的发生是受实践驱动而非理论驱动的结果，中小学一线教师在不自觉间接受着教育学术传统的儒化，他们就是改革的主体和动力，教师不可能在推动教育研究走向实践这一历史变革中置身事外。长期以来，许多教师对教育研究抱有敬而远之的态度，并有意识地把自己的活动与"研究"工作区分开来，这样做的结果是人为地拔高了专业化研究的地位，为教育研究抹上了神秘色彩。事实上，教师正在进行的有思考的教育实践活动就是学术研究，教育研究就是生发于生活和教育实践情境中，为解决所遇到的各种难题而想方设法、沟通交流的过程，而不是专业人员依照某种特定的程式和手段展开的活动。教师要坚定地相信自己的力量，认识到学术的草根性质；不要把自己和研究者区分开来，而应为能够凸显教育的实践诉求、能够推动教育研究的发展感到庆幸与自豪。因此，教师在具体工作中要慎思、明辨，如果经过仔细的思考认为其策略能够促进人的生长发展，就要理直气壮地坚持、笃行自己的观点。

教师要认识到，教育者身份的获得并不仅仅是因为自己正在从事教育教学实践工作，而是因为他们以严肃的、真诚的方式对如何帮助人的生长发展进行了无畏的探究。"教育及其研究是自我的生活，是自我灵魂的提升，这使得我必须保持一种赤子的真心。我必须真实地展示自我在教育及其研究中的所做、所想、所思、所爱和所见，我不应该闪烁其词、自我欺蒙。我必须面对我所历经和亲证的一切，至少我没有权利回避和忽视这一切。在这里，存在着教育及其研究者生存的道德理性：关涉灵魂，与灵魂相关的事没有不关乎我的。"① 教育需要真诚，这种真诚不单指教师敢于对内心进行拷问，还指能够把促进人的生长发展真正视为自己的担当。把教育教学视为千篇一律的重复性工作的教师，虽然也在进行实践活动，但此种实践活动未真正关切人生发展，在严格的意义上并不能被视为教育活动，通过进行此种活动，教师可以成为拥有高超技艺的工作者，但却无法真正进入教育者的行列。而只有把教育教学的过程视为连续不断探究人生意义和价值的过程，只有把教育教学视为针对不同个体、不同教育情境创造性地开展活动的过程，教师才能够真正成为心系人生的教育者。

（2）现实选择。在教育研究走向实践的潮流中，教师需要以积极的姿态开展教育研究工作。教师成为研究者并不是一个空泛的口号，从学术研究的草根性出发，教师乃是最有资格成为研究者的人选，但教师进行研究的目的并不仅仅是为了证明自身拥有开展教育研究的能力，他更需要以创造性的工作来获取幸福。对以塑造灵魂、发展人性为天职的人来说，幸福不能只停留在诸如物质生活丰富、精神生活安逸等方面，教师最大的幸福源于其所培养的人的健康成长，更具体地说，教师的幸福感来源于在促进人生长发展过程中的成功而带来的喜悦感与满足感。如果把教师所从事的工作看作是一种简单的重复，那就毫无创造性可言；而教师职业之所以拥有强大的生命力，一个最主要的原因就在于它是一项充满了挑战性和创新性的活动，这种挑战和创新更多地表现在教育科学研究中。所以，教师不仅要开展教育教学活动，更要在这个过程中不断进行创造，只有在帮助学生主动构建意义的创造过程中，教师才能体现自身的价值并收获幸福。正如苏霍姆林斯基所说："如果你想让教师的劳动能够给教师一些乐趣，使天天上课不致变成一种单调乏味的义务，那你就应当引导每一位教师走上从事一些研究的这条幸福的道路上来。"②

"创造性研究的意义，不仅在于教师看到了、研究了以前没有被人

---

① 曹永国：《不要说，生活……——一个像似教育研究者的渴慕》，《湖南师范大学教育科学学报》2008 年第 1 期。

② ［苏］苏霍姆林斯基：《给教师的建议》，杜殿坤编译，教育科学出版社 1984 年版，第310 页。

注意到的教育过程的某一个方面。创造性研究还能从根本上改变教师对自己的工作的看法。教师就不会再把教育工作看成是每天重复着同样的事情，是把完全一样的讲解、巩固等做枯燥乏味的表演了。"① 只有开展教学研究活动，教师才能摆脱"教书匠"式的劳动形式，才能在繁重的教学事宜中找到和实现自身的价值。教师必须把教研作为自己的一种生活方式，使得教育研究与自身生活密切地联系起来。教研工作能够使教师享受工作的胜任感和成就感，并在乐意工作的同时不断得到全面发展，从而拥有更加完备的人格和高尚的品质，更好地推进教育活动的发展。或许教研之路是辛苦的，但历尽艰辛后的幸福感却是长久的，优秀的教师必须视教研活动为己任，只有在教研中，教师的生活才会变得丰富多彩，也只有在教研活动中，教师才能创造出尽可能多的可能生活，从而真正实现自身的价值。

（3）目标选择。选择是一种权利、一种立场、一种意识，面对教育的大变革，彻底转变固有的观念与行动方式对成熟教师本身而言意味着一定程度上的颠覆和重建，意味着责任和勇气，但同时也意味着新的发展，这种发展并不指教师获得了多少新的知识、形成了何种新的技能，而在于教师在主动选择的基础上拥有了构建、形成、促进和创造新的教育的能力，从而不再把个人行为的改变寄托在他人提供的具体的、操作性的指导上，成为拥有自主判断意识与能力的教育家。教育家不仅是一个精通教育的人，更是一个走出教育、走进生活世界的人，他能够"批判且创造性地思考教育问题，理智地分析教育概念，综合相关信息，并做出有价值的决断，或提供充足理由以支持或反对学校/地区/国家之教育政策，从而成为健全的能思者；它秉持草根化的路线，追求教师的平民化哲学思想和平民化自我人格，关注教师如何认识并完善自我、追求自由与解放的人生之路"②，他是一个能思的行动者，教师选择成为这种实践教育家，才能构建出实践的教育成果，从而真正发挥自身的主体地位，推动教育事业发展。

---

① ［苏］苏霍姆林斯基：《给教师的建议》，杜殿坤编译，教育科学出版社1984年版，第310页。

② 徐竞、高振宇：《教师即哲学家：理据、内涵与路径》，《全球教育展望》2010年第7期。

　　成为实践教育家需要教师继续扎根日常教育教学工作，但为了获得更为理智而深刻的理解，真正以自身的行动促进人的发展，教师并不能沉迷于方法与技术的运用，因为这无疑会"把一个人的思想，用一条很短的绳，拴在功用的柱子上，这是不值得的。行动的力量需要有宽阔的眼界"①，教师需要参与到理论的诞生过程之中，需要努力地通过迈向"思"的状态而激发起理论学习与分析的兴趣和能力，使自己对专业生活、对发生在自己和学生之间的事件的教育学意义更加敏感，对自己的专业生活方式的教育学意义也更加明晰。"归根到底，教师必须把握反思与体验的哲学本质，'用我自己的心去过我自己的生活，这就是我所追求的，平常又平淡的，平凡又平等的一个平民的平民精神'。"② 只有以自己的方式对教育生活世界进行理解与探索，关注人心、人性与人生，才是认识自我，找到自信，享受与创造教育思想的恰当方式，才是教师通向教育家的必然道路。

---

　　① ［美］约翰·杜威：《我们怎样思维·经验与教育》，人民教育出版社1991年版，第185页。

　　② 唐松林、张儒辉：《教师与哲学家——兼论教师通向哲学家之可能》，《大学教育科学》2010年第1期。

参 考 文 献

（一）中文著作

[1] 钱穆：《中国学术通义》，台北学生书局 1975 年版。

[2] 华东师范大学，杭州大学教育系编译：《西方古代教育论著选》，人民教育出版社 1985 年版。

[3] 蔡元培著，高平叔编：《蔡元培教育文选》，人民教育出版社 1980 年版。

[4] 叶澜：《教育概论》，人民教育出版社 1991 年版。

[5] 冯玉珍：《理性的悲哀与欢乐》，人民出版社 1993 年版。

[6] 邹进：《现代德国文化教育学》，山西教育出版社 1993 年版。

[7] 瞿葆奎主编：《教育学文集·教育与教育学》，人民教育出版社 1993 年版。

[8] 陈桂生：《"教育学视界"辨析》，华东师范大学出版社 1997 年版。

[9] 陆有栓：《躁动的百年》，山东教育出版社 1997 年版。

[10] 金生鈜：《理解与教育》，上海三联书店 1997 年版。

[11] 赵汀阳：《一个或所有问题》，江西教育出版社 1998 年版。

[12] 胡德海：《教育学原理》，甘肃教育出版社 1998 年版。

[13] 涂艳国：《走向自由——教育与人的发展问题研究》，华中师范大学出版社 1999 年版。

[14] 石中英：《教育学的文化性格》，山西教育出版社 1999 年版。

[15] 叶澜：《教育研究方法论初探》，上海教育出版社 1999 年版。

[16] 陈桂生：《学校教育原理》，湖南教育出版社 2000 年版。

[17] 王坤庆：《20 世纪西方教育科学的发展与反思》，上海教育出版社 2000 年版。

［18］陈向明：《质的研究方法与社会科学研究》，教育科学出版社2000年版。

［19］王坤庆：《教育学史论纲》，湖北教育出版社2000年版。

［20］熊川武等：《实践教育学》，上海教育出版社2001年版。

［21］唐莹：《元教育学》，人民教育出版社2002年版。

［22］金一鸣：《教育原理》，高等教育出版社2002年版。

［23］张国刚，乔治忠：《中国学术史》，东方出版中心2002年版。

［24］陈洪捷：《德国古典大学观及其对中国大学的影响》，北京大学出版社2002年版。

［25］丁钢主编：《历史与现实之间：中国教育传统的理论探索》，教育科学出版社2002年版。

［26］冯俊：《后现代主义哲学讲演录》，商务印书馆2003年版。

［27］金生鈜：《德性与教化》，湖南大学出版社2003年版。

［28］赵汀阳：《没有世界观的世界》，中国人民大学出版社2003年版。

［29］赵汀阳：《论可能生活》，中国人民大学出版社2004年版。

［30］金生鈜：《规训与教化》，北京师范大学出版社2004年版。

［31］张立文主编：《中国学术通史》，人民出版社2004年版。

［32］胡德海：《教育理念的沉思与言说》，人民教育出版社2005年版。

［33］陈桂生等编：《教育理论的性质与研究取向》，华东师范大学出版社2006年版。

［34］郝文武：《教育哲学》，人民教育出版社2006年版。

［35］石中英：《教育哲学》，北京师范大学出版社2007年版。

［36］叶澜主编：《回望（生命·实践教育学论丛第一辑）》，广西师范大学出版社2007年版。

［37］叶澜主编：《立场（生命·实践教育学论丛第二辑）》，广西师范大学出版社2008年版。

［38］于伟：《现代性与教育》，北京师范大学出版社2008年版。

［39］刘梦溪：《中国现代学术要略》，生活·读书·新知三联书店2008年版。

［40］刘森林：《实践的逻辑》，社会科学文献出版社2009年版。

［41］叶澜主编：《基因（生命·实践教育学论丛第三辑）》，广西师范

大学出版社 2009 年版。

[42] 叶澜主编：《命脉（生命・实践教育学论丛第四辑）》，广西师范
　　　大学出版社 2009 年版。

　　（二）译著类

[1]《西方现代资产阶级哲学论著选辑》，洪谦主编，商务印书馆 1964
　　年版。

[2]［德］海德格尔：《存在与时间》，陈嘉映、王庆节译，生活・读
　　书・新知三联书店 1977 年版。

[3]［美］约翰・杜威：《杜威教育论著选》，赵祥麟、王承绪编译，华
　　东师范大学出版社 1981 年版。

[4]［古希腊］亚里士多德：《形而上学》，吴寿彭译，商务印书馆
　　1981 年版。

[5]［德］伽达默尔：《科学时代的理性》，薛华等译，国际文化出版公
　　司 1988 年版。

[6]［法］G. 米阿拉雷：《教育科学导论》，郑军、张志远译，光明日
　　报出版社 1989 年版。

[7]［德］卡尔・雅斯贝尔斯：《什么是教育》，邹进译，生活・读书・
　　新知三联书店 1991 年版。

[8]［美］L. J. 宾克莱：《理想的冲突》，马元德等译，商务印书馆
　　1994 年版。

[9]［奥］鲁道夫・奥伊肯：《生活的意义与价值》，万以译，上海译文
　　出版社 1997 年版。

[10]［法］米歇尔・福柯：《规训与惩罚》，刘北成等译，生活・读
　　　书・新知三联书店 1999 年版。

[11]［美］华勒斯坦等：《学科・知识・权力》，刘健芝等译，生活・
　　　读书・新知三联书店 1999 年版。

[12] 联合国教科文国际教育委员会：《学会生存》，教育科学出版社
　　　1999 年版。

[13]［美］约翰・杜威：《民主主义与教育》，王承绪译，人民教育出
　　　版社 2001 年版。

[14]［加］马克斯・范梅南：《教学机智——教育智慧的意蕴》，教育

科学出版社 2001 年版。

[15] ［德］沃尔夫冈·布列钦卡：《教育科学的基本概念》，胡劲松译，华东师范大学出版社 2001 年版。

[16] ［英］怀特海：《教育的目的》，徐汝舟译，生活·读书·新知三联书店 2002 年版。

[17] ［德］胡塞尔：《哲学作为严格的科学》，倪良康译，商务印书馆 2002 年版。

[18] ［意］玛丽亚·蒙特梭利：《童年的秘密》，单中惠译，京华出版社 2002 年版。

[19] ［美］伊曼纽尔·沃勒斯坦：《所知世界的终结——二十一世纪的社会科学》，冯炳昆译，社会科学文献出版社 2002 年版。

[20] ［德］汉斯·波塞尔：《科学：什么是科学》，李文潮译，上海三联书店 2002 年版。

[21] ［美］列奥·施特劳斯：《自然权利与历史》，彭刚译，生活·读书·新知三联书店 2003 年版。

[22] ［美］约翰·杜威：《确定性的寻求：关于知行关系的研究》，傅统先译，上海人民出版社 2004 年版。

[23] ［美］理查德·罗蒂：《后哲学文化》，黄勇译，上海译文出版社 2004 年版。

[24] ［德］恩斯特·卡西尔：《人文科学的逻辑》，关子尹译，上海译文出版社 2004 年版。

[25] ［德］卡尔·雅斯贝斯：《时代的精神状况》，王德峰译，世纪出版集团 2005 年版。

[26] ［美］丹尼尔·科顿姆：《教育为何是无用的》，仇蓓玲、卫鑫译，江苏人民出版社 2005 年版。

[27] ［英］路德维希·维特根斯坦：《哲学研究》，陈嘉映译，上海人民出版社 2005 年版。

[28] ［英］齐格蒙特·鲍曼：《被围困的社会》，郏建立译，江苏人民出版社 2005 年版。

[29] ［美］埃伦·康德利夫·拉格曼：《一门捉摸不定的科学：困扰不断的教育研究的历史》，教育科学出版社 2006 年版。

［30］［美］国家研究理事会：《教育的科学研究》，曹晓南等译，教育科学出版社 2006 年版。

［31］［美］约翰·杜威：《人的问题》，傅统先、邱椿译，世纪出版集团 2006 年版。

［32］［美］威廉·V. 斯潘诺斯：《教育的终结》，王成兵等译，江苏人民出版社 2006 年版。

［33］［美］戴维·斯沃茨：《文化与权利：布尔迪厄的社会学》，陶东风译，上海译文出版社 2006 年版。

［34］［德］底特利希·本纳：《普通教育学——教育思想和行动基本结构的系统的和问题史的引论》，彭正梅、徐小青、张可创译，华东师范大学出版社 2006 年版。

［35］［英］弗朗西斯·培根：《学术的进展》，刘运同译，上海人民出版社 2007 年版。

［36］［美］汉娜·阿伦特：《人的境况》，王寅丽译，上海人民出版社 2009 年版。

［37］［法］卢梭：《爱弥儿》，李平沤译，商务印书馆 1986 年版。

（三）论文类

［1］叶澜：《关于加强教育科学"自我意识"的思考》，《华东师范大学学报》（教育科学版）1987 年第 3 期。

［2］吴钢：《论教育学的终结》，《教育研究》1995 年第 7 期。

［3］W. 布雷岑卡：《教育学知识的哲学——分析、批判、建议》，李其龙译，《教育研究》1996 年第 4 期。

［4］朱德生：《传统辩》，《北京大学学报》（哲学社会科学版）1996 年第 5 期。

［5］瞿葆奎、郑金洲：《教育基本理论研究与教育观念更新——十一届三中全会以来教育基本理论研究引发的教育观念变革寻迹》，《华东师范大学学报》（教育科学版）1998 年第 3 期。

［6］郭思乐：《论大学学术观念的更新》，《教育研究》1998 年第 11 期。

［7］刘铁芳：《教育的沉沦与教育哲学的使命》，《教育理论与实践》1999 年第 1 期。

［8］王坤庆：《论人文主义教育的价值取向》，《高等教育研究》1999年第5期。

［9］张启树：《论教育活动的相对独立性》，《教育理论与实践》1999年第6期。

［10］卜玉华：《关于西方教育研究传统"前提假设"现代转向的探讨》，《河北师范大学学报》（教育科学版）2000年第1期。

［11］沈广斌：《传统文化与伦理道德教育传统》，《扬州大学学报》（高教研究版）2000年第3期。

［12］佘双好：《我国古代家庭教育优良传统和方法探析——从家训看我国古代家庭教育传统和方法》，《武汉大学学报》（社会科学版）2001年第1期。

［13］陈辉，孙传寿：《教育理论文章要通俗易懂》，《中国教育学刊》2001年第4期。

［14］周作宇：《没有科学，何来主义？——为教育研究中的"科学主义"辩护》，《华东师范大学学报》（教育科学版）2001年第4期。

［15］金红艳：《论教育传统的创造性转化》，《长春大学学报》2001年第5期。

［16］李文军：《教育传统与传统教育辩》，《山东师范大学学报》（人文社会科学版）2002年第3期。

［17］熊铁基：《试论中国传统学术的综合性》，《华中师范大学学报》（人文社会科学版）2002年第5期。

［18］于述胜：《中国的教育传统与教育创新》，《华东师范大学学报》（教育科学版）2003年第1期。

［19］王建华：《高等教育学的演进——学科制度的视角》，《清华大学教育研究》2003年第1期。

［20］易凌云：《论教育学研究者的学科意识》，《上海教育科研》2003年第3期。

［21］李长伟：《再论教育理论与实践的本然统一》，《湖南师范大学教育科学学报》2003年第5期。

［22］李江源：《教育传统与教育制度创新》，《教育理论与实践》2003

年第 6 期。

[23] 刘裕权：《关于教育学研究的方法论问题的思考》，《教育理论与实践》2003 年第 8 期。

[24] 徐长福：《论亚里士多德的实践概念——兼及与马克思实践思想的关联》，《吉林大学社会科学学报》2004 年第 1 期。

[25] 石中英：《本质主义、反本质主义与中国教育学研究》，《教育研究》2004 年第 1 期。

[26] 李政涛：《论"教育学理解"的特质》，《华东师范大学学报》（教育科学版）2004 年第 1 期。

[27] 吴黛舒：《论"教育学"的学科立场——探索"教育学"学科独立性问题的另一个思路》，《华东师范大学学报》（教育科学版）2004 年第 3 期。

[28] 王策三：《认真对待"轻视知识"的教育思潮》，《北京大学评论》2004 年第 3 期。

[29] 吴康宁：《"教育批判"的困境》，《教育研究与实验》2004 年第 4 期。

[30] 金生鈜：《为什么需要教育哲学——为教育的应然研究做一个哲学辩护》，《教育理论与实践》2004 年第 4 期。

[31] 唐悦、胡爱：《教学中的隐性知识：民间教育学与教师教育》，《现代教育科学》2004 年第 6 期。

[32] 刘世明：《论教育学的人本性和科学性——关于教育学理论品性的思考》，《高等教育研究》2004 年第 4 期。

[33] 綦珊珊、姚利民：《教学学术内涵初探》，《复旦教育论坛》2004 年第 6 期。

[34] 杨小微、吴黛舒：《关系思维视域中的教育"图景"》，《教育理论与实践》2004 年第 7 期。

[35] 齐梅、柳海民：《论教育理论的性质和研究方法》，《教育研究》2004 年第 10 期。

[36] 刘敏威：《"草根化"的学校教育科研》，《教学与管理》2005 年第 1 期。

[37] 刘徐湘、胡弼成：《教育学中"具体的人"——现象学的视域》，

《高等教育研究》2005 年第 3 期。

[38] 李伯重：《论学术与学术标准》，《社会科学论坛》2005 年第 3 期。

[39] 徐长福：《实践智慧：是什么与为什么——对亚里士多德"实践智慧"概念的阐释》，《哲学动态》2005 年第 4 期。

[40] 王洪才：《论教育研究的特性》，《教育学报》2005 年第 6 期。

[41] 高谦民：《我国的应试教育传统与当代教育的歧路——乙巳百年祭》，《河北师范大学学报》（教育科学版）2005 年第 6 期。

[42] 吴刚：《教育理论的特质及其研究使命》，《教育研究》2005 年第 9 期。

[43] 刘旭东：《教育学的困境与生机》，《教育研究》2005 年第 11 期。

[44] 郑金洲、程亮：《中国教育学研究的发展趋向》，《教育研究》2005 年第 11 期。

[45] 孙俊三：《教育研究的境界——论教育学的学术品格与学术精神的追求》，《教育研究》2005 年第 11 期。

[46] 于述胜：《从教育学史到教育学术史》，《教育研究》2005 年第 12 期。

[47] 石中英：《论教育实践的逻辑》，《教育研究》2006 年第 1 期。

[48] 张立新：《回归实践：教育学学科立场的自我意识》，《安徽教育学院学报》2006 年第 1 期。

[49] 汤一介：《中国经学与传统学术》，《中国文化研究》2006 年第 1 期。

[50] 谢武纪、张亚能：《发现与生成：现代教育研究的基本走向——对教育学原创的解读》，《湖南师范大学教育科学学报》2006 年第 1 期。

[51] 李政涛：《论"直面教育实践"》，《上海教育科研》2006 年第 2 期。

[52] 王玉衡：《美国大学教学学术运动》，《清华大学教育研究》2006 年第 2 期。

[53] 李长伟：《从实践哲学的角度透析近代教育学的分裂》，《华东师范大学学报》（教育科学版）2006 年第 3 期。

[54] 王建华：《教育学的想象力》，《教育研究与实验》2006 年第
　　　5 期。

[55] 宁虹、胡萨：《教育理论与实践的本然统一》，《教育研究》2006
　　　年第 5 期。

[56] 李润洲：《实践逻辑：审视教育理论与实践关系的新视角》，《教
　　　育研究》2006 年第 5 期。

[57] 程天君、吴康宁：《当前教育学研究的三个悖论》，《教育研究》
　　　2006 年第 8 期。

[58] 王有升：《论教育学学科的学术建构》，《南京师范大学学报》
　　　（社会科学版）2007 年第 1 期。

[59] 吴黛舒：《漫谈当前教育研究者的"实践责任"》，《宁波大学学
　　　报》（教育科学版）2007 年第 2 期。

[60] 鲁洁：《超越性的存在——兼析病态适应的教育》，《华东师范大
　　　学学报》（教育科学版）2007 年第 4 期。

[61] 张香兰：《论教育的冒险属性及实践诉求》，《广西民族大学学报》
　　　（哲学社会科学版）2007 年第 6 期。

[62] 刘旭东：《对教育与生活关系的思考》，《教育研究》2007 年第
　　　8 期。

[63] 刘旭东：《教育的学术传统与教育研究》，《高等教育研究》2008
　　　年第 1 期。

[64] 丁钢：《教育学学科问题的可能性解释》，《教育研究》2008 年第
　　　2 期。

[65] 冯向东：《不确定性视野下的教育与教育研究》，《北京大学教育
　　　评论》2008 年第 3 期。

[66] 程亮：《"实践智慧"视野中的教育实践》，《华东师范大学学报》
　　　（教育科学版）2008 年第 3 期。

[67] 陆有铨：《从学位论文看基础教育研究中的若干问题》，《教育学
　　　报》2008 年第 4 期。

[68] 宋宁娜：《教育研究要增强问题意识》，《苏州大学学报》（哲学
　　　社会科学版）2008 年第 5 期。

[69] 康永久：《回归生活世界的教育学》，《教育研究》2008 年第

6 期。

[70] 刘旭东：《论教育哲学的时代转向》，《教育理论与实践》2008 年
第 12 期。

[71] 徐继存：《教育学研究：意义与觉醒》，《教育科学研究》2009 年
第 5 期。

[72] 贾贵洲、王玉兰：《论中小学教育科研的草根性》，《中国教育学
刊》2009 年第 7 期。

[73] 汪朵：《中小学教师应该有自己的教育理论——南京市关于"教
师的教育理论"的讨论综述》，《上海教育科研》2009 年第 9 期。

[74] 彭正梅：《教育的自身逻辑——德国教育学家本纳教授访谈》，
《全球教育展望》2009 年第 11 期。

[75] 袁德润：《从"知识"、"实践"走向"生存"——教育研究三种
取向评析》，《教育研究与实验》2010 年第 2 期。

[76] 刘旭东：《"无立场"的教育认识与人的全面发展》，《西北师范
大学学报》（社会科学版）2010 年第 2 期。

[77] 康万栋：《教师成为研究者的教育意义》，《天津师范大学学报》
（基础教育版）2010 年第 3 期。

[78] 陈向明：《范式探索：实践—反思的教育质性研究》，《北京大学
教育评论》2010 年第 4 期。

[79] 余东升：《质性研究：教育研究的人文学范式》，《高等教育研究》
2010 年第 7 期。

[80] 许建美、孙元涛：《教育学者如何面对"公共问题"》，《教育发
展研究》2010 年第 10 期。

[81] 朱光明：《理解教育实践的地位——来自阿伦特"行动"思想的
启示》，《全球教育展望》2010 年第 12 期。

[82] 张菊荣：《在"这里"与"那里"之间穿梭——我的教育研究之
路》，《江苏教育研究》2010 年第 3 期。

[83] 翟楠：《从灵魂到身体——柏拉图的"洞穴隐喻"及现代教育的
价值倒转》，《西北师范大学学报（社会科学版）》2011 年第
1 期。

[84] 高伟：《教育现象学：理解与反思》，《教育研究》2011 年第

5 期。

［85］李节:《"特级教师不是我人生的奋斗目标"——特级教师程翔访谈》,《语文建设》2011 年第 10 期。

［86］伍红林:《教育理论研究者深度介入下教师实践共同体的发展》,《教育发展研究》2011 年第 11 期。

［87］沈晓敏:《从文化传承到文化创造——日本"传统与文化教育"的走向》,《全球教育展望》2011 年第 11 期。

［88］董立平:《学科与领域:高等教育研究科学化的两翼》,《高等教育研究》2011 年第 12 期。

［89］张海波、杨兆山:《生活的实践性与教育的实践立场》,《国家教育行政学院学报》2011 年第 12 期。

［90］黎聚才:《浅谈教育研究的逻辑要素》,《基础教育研究》2011 年第 17 期。

［91］朱小蔓:《中国基础教育实践与研究的典范》,《人民教育》2011 年第 20 期。

［92］魏宏聚:《"问题"抑或"主义"——高等教育研究价值取向的争论与反思》,《河南大学学报》(社会科学版)2012 年第 1 期。

后 记

　　我坚信教育学是一门充满了强烈人文关怀的学科。因此，在我看来，毕业论文的写作虽然是一件严谨的学术研究工作，但涉及观点表达时却无法避免个人情感的宣泄，我甚至认为，如果想要使其能够承载数年来的生活感悟与学术理想，如果想要使其成为个人的学术宣言，论文就必须触及教育中至为柔软，但却拥有无限张力的部分。我知道，在这个崇尚实用的时代中，谈论形而上学注定将会进行一次频遭指责的孤独漫步，但独自徜徉于理论探索之中并不代表我将要踏上无涉现实的精神之旅，相反，基于教育促进人的生长发展的信念，基于现实教育变革所带来的强烈震撼，我努力将视线延伸至书斋之外，并试图尽可能多地要表达出研究的实践诉求。客观地讲，由于学术水平有限、实践经历过少，本书在很大程度上仍然未能摆脱书斋式的表达方式。但不管这种表达是否到位，我已然从中经历了许多，也收获了许多，更对自己的学识水平有了清醒的认识，而在今后的学术生活中，这些欣喜的、悔恨的、焦虑的、困顿的经历与收获将成为重要的学术财富，为未来的探索提供不可或缺的力量。

　　我必须感谢恩师刘旭东教授。投入刘老师门下已近十年，十年来，刘老师无微不至的关爱难以言表，我数次在工作、生活中陷入困顿时，刘老师都会像慈父般给予关键性的帮助，而每当我在他面前流露出感激之情时，他总是会有意识地把话题引到最近思考的问题、读了什么书等方面，在他看来，学生的长进才是最大的回报。刘老师喜欢讨论，我清楚地记得好几次和他争论某一问题双方各执一词时，他当即查询文献佐证析理；我也清楚地记得本书写作过程中，他对我每一个观点的追问。刘老师在学术上严谨认真，不光是学位论文，就连我平时所写的文章，他都会认认真真、逐字逐句修改，他所修改过的每一份文稿我都珍藏，而每当看到这些批注的密密麻麻的稿子时，我内心涌现出的都是感动，而这种感动也将会成为未来我在教学和研究中所秉持的东西。

我还要感谢给予我诸多教导与关照的西北师范大学的胡德海先生、李定仁先生、王嘉毅教授、万明钢教授、李瑾瑜教授、王鉴教授、张学强教授、王兆璟教授、周爱保教授，和天水师范学院的安涛教授、吴卫东教授、吕星老师、王桐老师、蒲文婷老师，以及好友雷轶、王栋、薛玮、李景等人，没有他（她）们的帮助和支持，本书也无法顺利完成。

除此以外，我还忘不了写作数次陷入困境时师妹吴银银的鼓励，在她的吴侬软语中，我总能感受到一种温暖的力量；忘不了同门谭月娥和马丽放弃休息，通宵帮助我校对论文时所感受到的温暖；忘不了冬夜和师弟高小强博士的讨论，辩到酣时，常常会满房间找纸笔来记录刹那间迸发出的灵感；忘不了和翟楠、郭军、张善鑫、苏向荣、刘炎欣、杨宝琰、安富海、张海、李冰等人交往时所获得的快乐与宁静；忘不了师妹许瑞瑞和乔茂凤仗义帮助我修订论文时心中所泛起的温情。

我的父母均已年逾古稀，数十年来，他们在并不宽裕的情况下倾尽所有默默地支持我完成学业，我无以为报，祝愿他们身体健康，长命百岁！

论文进行到最后修改阶段时，爱人关园园忽染恶疾，但她依然以坚强乐观的态度积极治疗，尤其是在西京医院治疗期间，她抱病为我仔细校对论文，诚为相濡以沫，足显鹣鲽情深。

这是一个回顾过去的时刻，但也是一个展望未来的时刻，我不愿在悲凉中完成回顾，但也不希望把展望变成一次简单的狂欢。我祈求在平静中酝酿出醇烈但并不张扬的力量，并借此重获强烈的个人存在感，来引导我在未来的道路上稳健踏实地走下去。

吴　原

2012 年 5 月 17 日于金城